GW00630919

LETTURE IN CORSO

Atie Blok-Boas
Elisabetta Materassi
Ineke Vedder

2

Corso di lettura
per studenti di italiano
come lingua seconda

LIVELLO AVANZATO E ACCADEMICO
Q.R.E. B2 - C1

CY: 02148571
C: 00000905
LETTURE
IN CORSO 2

BLOK-BOAS
MATERASSI
VEDDER
BONACCI
EDITORE

Bonacci editore

Un ringraziamento particolare a:

*la Facoltà di Lettere e Filosofia
dell'Università di Amsterdam,
per aver finanziato il progetto,*

*il Dipartimento di Apprendimento
delle Lingue Seconde dell'Università
di Amsterdam, per il sostegno
e l'incoraggiamento materiale
e professionale;*

*i colleghi per i loro preziosi
commenti e i numerosi studenti
per la loro collaborazione nella
fase di sperimentazione del materiale.*

Le autrici

L'editore è a disposizione degli aventi diritto con i quali non gli è stato possibile comunicare, nonché per eventuali involontarie omissioni o inesattezze nella citazione delle fonti dei brani riprodotti nel presente volume.

I diritti di traduzione, di memorizzazione elettronica, di riproduzione e di adattamento totale o parziale, con qualsiasi mezzo (compresi i microfilm e le copie fotostatiche), sono riservati per tutti i paesi.

Bonacci editore
Via Paolo Mercuri, 8
00193 ROMA (Italia)
tel:(++39) 06.68.30.00.04
fax:(++39) 06.68.80.63.82
e-mail: info@bonacci.it
http://www.bonacci.it

Printed in Italy
© Bonacci editore, Roma 2004
ISBN 88-7573-385-6

INDICE

Introduzione 5

L'Italia del presente 9

1. Laureati in tre anni 11
2. Le fonti meravigliose 14
3. United Colors of Italy 17
4. In cerca di democrazia 21
5. Non c'è più acqua nelle terre del Sud 25
6. Costumi e mentalità degli italiani 30
7. E la vita va con la spintarella 33
8. Comunicazione? Non vale un tubo 37

Televisione, cinema e fotografia 41

9. Il giorno in cui nacque il reportage 43
10. Ischia e Capri faraglioni esotici 48
11. Momo alla conquista del tempo 52
12. Le zanzare 56
13. Nonni catturati dalla rete di internet 59
14. Vittorio De Seta torna sul set 62
15. I neo-buffoni e la televisione 65
16. Il partigiano Johnny 70

Scrittori e lettori 77

17. Nel paese delle meraviglie 79
18. Un libro che consiglio 81
19. Meglio la carta del microfilm 84
20. Stagione di premi 87
21. Il lettore superiore 90
22. Quando viaggiare era un'arte 94
23. Ardengo Soffici 98
24. Dante Alighieri 100

Lingua e linguaggi

		105
25.	Si rischia di vincere	107
26.	Paste alla cacciatora	109
27.	Esplorando la poesia	113
28.	Giocare con le parole	116
29.	Il linguaggio degli animali	120
30.	Lingua o origini dogli Etrucchi	125
31.	6 proprio 3mendo	128
32.	Nuove sfide per l'italiano	134

L'Italia del passato

		137
33.	Occhiali, bottoni e forchette	139
34.	In crociera sui laghi	143
35.	La moda si veste da ragazzina	146
36.	Il movimento valdese	149
37.	La cittadella della seta	153
38.	La via Francigena: premessa	156
39.	Ville medicee nel contado fiorentino	160
40.	Alla madre Adele Marin Nievo	163

Soluzioni

167

INTRODUZIONE

Che cosa è *Letture in corso*?

Letture in corso è una raccolta di testi autentici accompagnati da attività didattiche mirate allo sviluppo dell'abilità di lettura in italiano L2. Con esso le autrici hanno inteso offrire un percorso di lavoro strutturato per l'esercizio dell'abilità di comprensione, per l'affinamento delle strategie di lettura e per l'acquisizione del lessico. Letture in corso 1 comprende testi di livello elementare e intermedio. Invece Letture in corso 2 si rivolge agli apprendenti che, raggiunto un livello intermedio di conoscenza della lingua italiana, vogliano ampliare e approfondire la loro conoscenza dell'italiano scritto per motivi di studio, di lavoro o per altri scopi specifici. Si presta ad essere usato a fianco di qualsiasi corso di italiano per stranieri, sia nelle classi di italiano L2 sotto la guida del docente, sia nei percorsi di studio individuali e autonomi.

Letture in corso 2 comprende 40 testi autentici, vari per argomento, tipologia testuale e linguaggio, raggruppati in cinque ampie sezioni che garantiscono alcune costanti tematiche e lessicali:

- *L'Italia del presente*
- *Televisione, cinema e fotografia*
- *Scrittori e lettori*
- *Lingua e linguaggi*
- *L'Italia del passato*

Queste sezioni tematiche, che in Letture in corso 1 *comprendevano testi di livello elementare e intermedio, nel presente volume raccolgono testi di livello avanzato e accademico, contrassegnati dai simboli ⬦ e ⬦. Si tratta di testi più lunghi e complessi, caratterizzati da una strutturazione e da un linguaggio più articolati, da un maggiore livello di astrazione e in cui ricorrono elementi lessicali di più bassa frequenza. In alcuni casi la complessità è costituita da un uso metaforico del linguaggio, in altri la ricchezza di riferimenti impliciti su temi meno familiari richiederà preconoscenze più complesse da parte del lettore. Le letture sono utilizzabili negli stadi di apprendimento compresi tra i livelli B2 e C1 del* Quadro di riferimento. *Nel livello B2, che "è considerato quello minimo che dovrebbe avere uno studente straniero che si voglia iscrivere a un'università italiana", "l'utente sa capire le idee principali di un testo su materie astratte e concrete" e nel C1, "che* è quello dell'utente competente", l'apprendente "sa capire un'ampia gamma di testi lunghi e impegnativi, e riconoscerne il significato implicito".[1]

Con questa suddivisione si è garantita una certa progressione dal più semplice al più complesso nel percorso delle letture autentiche proposte, ricorrendo solo di rado a minimi interventi di modifica o omissione nei testi.

Presupposti didattici

Con Letture in corso si è voluto creare uno strumento di lavoro per riservare uno spazio autonomo alla pratica della lettura in lingua straniera all'interno dei corsi di italiano. Dato che leggere è un processo attivo che fa appello alla competenza linguistica del lettore, oltre che alla sua conoscenza enciclopedica e del mondo, le domande che accompagnano i testi di Letture in corso, oltre a favorire proprio un'attivazione della capacità del lettore di comprensione del testo, gli suggeriscono anche il modo più opportuno per confrontarsi con la complessità dei suoi significati. A seconda del tipo di testo, del suo carattere informativo, descrittivo o argomentativo e dei suoi contenuti, vengono proposti compiti di comprensione che favoriscono modi di leggere diversi. Lo scopo della lettura può essere di volta in volta quello di estrarre dal testo informazioni specifiche o di ottenere un'idea generale del contenuto. Si avranno quindi vari tipi di lettura, da quella esplorativa, per individuare informazioni specifiche (scanning), alla lettura estensiva per ottenere un'impressione globale del contenuto e dell'andamento del testo (skimming), a quella intensiva, per capire il testo nei dettagli e individuarne aspetti lessicali, grammaticali o culturali.

Le autrici hanno intenzionalmente optato per una trattazione del lessico che tiene conto innanzitutto del contesto in cui le parole si presentano. Rinunciando ad una trattazione basata su criteri di frequenza, la rilevanza di ogni parola viene stabilita dai rapporti di significato interni al testo in cui si presenta, considerato come un'unità autosufficiente. Ed è proprio nel confronto attivo con una grande varietà di testi autentici che si favoriscono l'affinamento delle strategie di comprensione e di apprendimento del lessico. Nel presente volume si è cercato, nel didattizzare i testi, di sottolineare i caratteri specifici del testo di tipo accademico, come ad esempio la ricorrenza di connettivi, di forme verbali implicite e di certe forme lessicali di bassa frequenza. Aver scelto di lavorare con materiale autentico significa tuttavia accettare che molte espressioni devono essere comprese o attraverso strategie di lettura o con strategie compensatorie, come imparando a usare il vocabolario nel modo migliore. Nelle classi di italiano per stranieri l'insegnante potrà dare indicazioni sul modo

[1] Massimo Vedovelli, *Guida all'italiano per stranieri. La prospettiva del 'Quadro comune europeo per le lingue'*, Carocci, Roma, 2002, pp.65-66.

ottimale per lavorare con il dizionario, cercando di mantenere un equilibrio tra le strategie di comprensione delle parole nuove dal contesto, facendo ipotesi sul loro significato e inferendolo dal contesto, e quelle di ricerca con vocabolari cartacei o elettronici.

Uso in classe o studio individuale

La lettura e le attività di Letture in corso risultano efficaci e piacevoli soprattutto se svolte in modo cooperativo in piccoli gruppi. Il docente avrà a disposizione un'ampia gamma di possibili varianti nel modo di presentare il testo di lettura, nello scegliere quali attività svolgere all'interno della lezione e quali a casa, nella finalità da dare al compito di lettura, a seconda del livello del gruppo, degli obiettivi didattici del corso o della singola lezione. Le attività di lettura e di comprensione dei testi di Letture in corso si prestano tuttavia anche ad essere svolte in modo individuale e autonomo da parte dell'apprendente di lingua straniera, affidandosi totalmente ai compiti di comprensione del testo e di approfondimento del lessico proposti dalle autrici.

Prevedendo anche questa situazione di apprendimento, le autrici hanno cercato, laddove era possibile, di porre domande "chiuse" a cui il testo offre una sola risposta, riportando tutte le soluzioni alla fine del libro in modo da poter essere controllate da chi si trova a svolgere i compiti individualmente senza la guida di un docente. In tutti i casi hanno previsto delle risposte corrette, facilmente controllabili anche in situazioni di apprendimento autonomo. Le uniche domande che non prevedono una sola risposta sono i compiti di ricerca e approfondimento, segnalati dal simbolo ✐, che hanno proprio lo scopo di <u>allargare</u> l'orizzonte della lettura a nuovi testi.

widen

Didattizzazione dei testi

Ogni testo di lettura è preceduto da un'introduzione e accompagnato da titoli, sottotitoli e fotografie. Con le prime domande si favoriscono in genere l'attivazione delle preconoscenze e l'esplorazione preliminare del testo, facendo uso del contesto (titoli, foto, eventuali sottotitoli e <u>didascalie</u>). I compiti di comprensione che seguono procedono in genere dalla comprensione globale a quella in dettaglio, corredati da compiti volti all'approfondimento del lessico. Le risposte alle domande sono prestrutturate per rendere possibile il controllo per mezzo delle soluzioni alla fine del libro. Alcuni esercizi sono "chiusi", ovvero prevedono una sola risposta corretta, mentre altri prevedono una risposta breve e facile da formulare. Seguono poi i compiti di ricerca, a risposta aperta.

captions

Suggerimenti per l'insegnante

È consigliabile dedicare in un primo momento uno spazio alla lettura dei testi in classe, alternando momenti di lettura e riflessione individuale alle attività suggerite dalle domande, che verranno preferibilmente svolte dagli allievi cooperativamente in piccoli gruppi. L'insegnante avrà un ruolo fondamentale nello stimolare gli apprendenti a far uso delle strategie di lettura. Suggerirà di:

- far uso di titoli, sottotitoli, foto, didascalie e impianto del testo;
- cercare di formulare ipotesi sui contenuti in base alle preconoscenze enciclopediche sull'argomento;
- eseguire una veloce lettura globale di orientamento per rispondere a domande generali su chi, cosa, quando e perché.

Il docente può inoltre indirizzare gli apprendenti ad un uso corretto del dizionario, sfidandoli come prima cosa a:

challenging them

- cercare di evincere dal contesto il maggior numero di parole;
- riconoscere le parole derivate, alterate e composte;
- passare alla ricerca sul dizionario delle parole che sono veramente necessarie a seconda dello scopo della lettura.

Dopo la prima fase, un modo ottimale per lavorare con Letture in corso in classe, soprattutto laddove si tratta di testi più lunghi e impegnativi, si è rivelato quello di presentare il testo in classe e di svolgere attività di prelettura, procedendo poi alla lettura individuale dei testi e agli esercizi a casa. L'attività di verifica in classe e la riflessione grammaticale e lessicale che ne deriva si sono rivelate più efficaci se svolte cooperativamente in gruppi di tre-quattro persone sotto la guida dell'insegnante, che dà spazio alle osservazioni degli apprendenti e offre quelle spiegazioni che vengono suggerite dalle loro domande. I compiti di ricerca sono adatti ad essere svolti sia individualmente che in modo cooperativo. È suggeribile, soprattuto se si deve lavorare in un locale sprovvisto di computer, dare il compito di ricerca da svolgere individualmente a casa, facendo poi confrontare e discutere i risultati in piccoli gruppi nella lezione successiva.

Dopo aver svolto le letture e gli esercizi di Letture in corso, l'insegnante avrà la possibilità di far seguire attività mirate all'esercizio di altre abilità, in cui ci si riallaccia alle letture dal punto di vista tematico o in cui si ripresentano gli item grammaticali emersi. Le scelte verranno ancora una volta dettate dal tipo di corso e dagli obiettivi didattici che si vogliono di volta in volta perseguire.

Le autrici si augurano di essere riuscite nell'intento generale di creare uno strumento di lavoro utile, flessibile e motivante per colleghi e apprendenti, che favorisca il piacere della lettura di testi autentici in lingua straniera.

A tutti, buone Letture.

L'ITALIA DEL PRESENTE

LETTURE IN CORSO 2

1. Laureati in tre anni

2. Le fonti meravigliose

3. United Colors of Italy

4. In cerca di democrazia

5. Non c'è più acqua nelle terre del Sud

6. Costumi e mentalità degli italiani

7. E la vita va con la spintarella

8. Comunicazione? Non vale un tubo

1. Laureati in tre anni

Nei due testi che seguono, ripresi da Posta Gratis di Cremona, si annuncia un nuovo programma di studi universitari entrato in vigore a partire dall'anno accademico 2001-2002.

Laureati in tre anni
Crediti formativi per valutare gli studenti

A partire dall'anno accademico 2001-2002 entrerà in vigore un nuovo sistema di studi universitari. Il percorso sarà più breve: si <u>conseguirà</u> la laurea dopo 3 anni e ci sarà la possibilità di ottenere titoli che consentano di svolgere professioni all'interno dell'Unione Europea. Il primo livello di studi, alla fine del quale si otterrà la laurea, potrà essere seguito da un secondo livello di durata biennale, che consentirà di raggiungere una laurea specialistica. In due anni di studio si forniranno conoscenze specialistiche in modo da sviluppare competenze specifiche. Il titolo di laurea specialistica viene rilasciato con l'acquisizione di 120 crediti. Il nuovo ordinamento si baserà su un sistema di crediti: CFU (Crediti Formativi Universitari). Si tratterà delle "unità di misura" per valutare l'operato di ogni studente.

La laurea triennale si consegue con 180 crediti, compresi quelli riservati alla prova finale che sostituirà la discussione della tesi, non più prevista.

I corsi di Medicina e Chirurgia, Odontoiatria e Protesi Dentaria, Medicina Veterinaria, Farmacia, Chimica e Tecnologie Farmaceutiche rientrano nelle lauree specifiche definite a ciclo unico: per questi corsi, regolati da normative dell'Unione Europea, non esistono percorsi di primo livello. *(b.n.)*

➤➤ da Posta Gratis, anno II, n. 30, 26 luglio 2001, Cremona

Marginal handwritten note: "attain, achieve"

1. Quali sono le novità per quanto riguarda

    a. la durata del percorso: ....

    b. il titolo conseguito: ....

    c. il sistema dei crediti: ....

2. Sotto quale aspetto le cosiddette lauree specifiche saranno diverse dalle altre?

    ....

    ....

All'Università di Cremona è stato istituito un nuovo corso di laurea. Nell'articolo che segue si parla delle caratteristiche di questo corso.

Lettere, la vera novità

Rappresenta la novità più importante della facoltà di Musicologia: l'istituzione di un corso di Laurea in Scienze del testo letterario e cultura musicale. Questo nuovo percorso è inserito nella classe di Lettere e avrà la durata di tre anni. Il corso si articolerà in tre curricula: classico, medievale, moderno. E' diretto ad offrire una preparazione essenziale nell'ambito della cultura letteraria, storica ed artistica dell'età antica, medievale, moderna e contemporanea e a fornire una solida formazione di base negli studi letterari dall'antichità all'età moderna, con attenzione anche alla cultura musicale, tanto da raggiungere competenze specifiche e metodo di lavoro in tali settori. Accanto a questo ambito formativo, notevole importanza sarà data all'acquisizione di competenze informatiche e linguistiche. Le attività a cui i futuri laureati in lettere potranno aspirare saranno molteplici: pubblicista o consulente ed editore di testi, responsabile o collaboratore all'organizzazione e realizzazione di manifestazioni storico-letterarie-musicali, nel settore pubblico si potrà inserire come addetto alla gestione di beni librari, eventi teatrali, mostre, stagioni culturali. La formazione acquisita potrà avviare inoltre i laureati del Corso di laurea verso l'attività professionale nei campi tradizionali dell'insegnamento nella scuola secondaria e della ricerca. Il corso di laurea mira, inoltre, a fornire le conoscenze su cui fondare i successivi approfondimenti nell'ambito della laurea specialistica.

La laurea è conferita a seguito della prova che verificherà il raggiungimento degli obiettivi formativi. A tale prova si potrà accedere solo dopo aver maturato 175 crediti e consisterà nella discussione di una relazione scritta su un tema relativo ad uno degli ambiti di ricerca del curriculum seguito dallo studente, oppure in una prova scritta tecnico-pratica.

Le iscrizioni saranno aperte dal 1° di agosto; il termine di presentazione delle domande di immatricolazione è previsto per il 30 settembre 2001. *(b.n.)*

➳ da Posta Gratis, anno II, n. 30, 26 luglio 2001, Cremona

3. Come si chiama il nuovo corso di laurea?

....

4. Quanti anni dura?

....

5. Quali sono i tre curricoli che si possono scegliere?

1. ....

2. ....

3. ....

6. Quali sono gli obiettivi del nuovo corso?

....

7. Completate lo schema inserendo nella rubrica appropriata le attività e i profili professionali previsti per i laureati.

A   *B*   *C*

Libri e testi	Manifestazioni	Scuola e università

8. In che cosa consiste la prova di laurea?

....

9. Riempite lo schema del nuovo percorso universitario mettendo le parole elencate qui di seguito nell'ordine giusto.

3
primo livello di formazione universitaria • laurea triennale • laurea specialistica • iscrizione
5   *7*   *1*
6
secondo livello di formazione universitaria • prova finale • domanda di immatricolazione
4   *2*

1. *iscrizione* ....

5. ....

2. ....

6. ....

3. ....

7. ....

4. ....

10. Vi vengono in mente dei motivi particolari per cui proprio l'università di Cremona avvia questo tipo di corso? Cercate informazioni sulla città di Cremona su un'enciclopedia o su internet.

Scuoli musicisti famosi
centri di fabricare gli instrumenti musicale
Cremona era dove sono fabricati
in stradivarii.
violini

◈ 2. Le fonti meravigliose

In questo articolo apparso su La Repubblica Salute, *l'inserto settimanale di* La Repubblica, *la giornalista Claudia Bortolato discute i benefici delle cure termali per la salute.*

Terme, un ambiente per curare piccoli e grandi acciacchi, ma anche per perseguire un benessere assoluto.
Una guida completa.

1 C'era una volta la stazione termale affollata di impenitenti che, dopo aver ceduto tutto l'anno alle seduzioni della tavola, volevano riacquistare in fretta forma e benessere. E naturalmente, c'erano gli artritici, i reumatici, i nefropatici, ossia con i reni un po' in disordine: tutti alla ricerca di una cura naturale capace di integrare efficacemente i medicinali e di dar sollievo ai loro acciacchi. Un piccolo esercito di acciaccati, alla ricerca del benessere perduto.

2 Oggi le cose sono cambiate. Oltre ai malati, (che rimangono, naturalmente, i frequentatori d'elezione), le terme ospitano anche nutrite schiere di persone sane che vogliono essere ancora più sane, più in forma, più belle, più rilassate. Sempre più attente alla prevenzione, hanno fatto proprio il concetto di salute del terzo millennio. Salute che non a caso l'Organizzazione Mondiale della Sanità, già qualche decennio fa, ha definito come equilibrio psicofisico e non come assenza di malattia. Una frequentazione multiforme dunque, quella delle terme. Come eterogenea è, oggi, l'offerta di salute e benessere dei centri termali, perché al vecchio e al tempo stesso attualissimo repertorio terapeutico se ne è aggiunto uno tutto nuovo, studiato per chi non s'aspetta tanto un beneficio specifico, quanto un rasserenamento corporeo globale.

3 Così, in tutte le stazioni termali crescono i servizi aggiuntivi e prendono sempre più piede i programmi dietetici, estetici, fitoterapici, di fitness e fisioterapici. Tuttavia, di pari passo cresce anche l'offerta di applicazioni prettamente curative e, soprattutto, l'interesse del mondo accademico verso quello che rimane soprattutto un metodo di cura, che ha una sua solida base scientifica. Negli ultimi anni, tra l'altro, la terapia termale è sempre di più oggetto di approfondite ricerche.

4 Le terme, dunque, vivono un imponente revival. Non solo sotto l'aspetto della frequentazione, ma anche del riconoscimento a livello scientifico e a questo proposito, basta ricordare che la medicina termale è stata recentemente definita dall'Oms "medicina tradizionale del continente europeo". Come dire, un'ottima sintesi tra passato, presente e futuro. Non dimentichiamo, infatti, l'impulso che le terme ebbero grazie ai Romani, che crearono una vasta rete di stazioni di cura destinata non solo a scopi curativi, ma anche a punto di riferimento per incontri culturali e mondani.

➤ da La Repubblica Salute, 12 aprile 2001, anno 7, n. 268

1. Leggete il titolo e l'occhiello. Che cosa si intende, secondo voi, con i 'piccoli e grandi acciacchi'?

....

2. Leggete i capoversi 1-3 e completate con parole vostre.

   a. Una volta le terme ospitavano ......*impenitenti che,*..........

   b. Oggi i visitatori delle terme sono ....*nutriter celiare di persone sane che*

   c. Accanto al programma terapeutico le terme di oggi offrono ...*salute e benessere dei centri termale*
      Alongside .... *e un rasserenameto corporeo globale.*

3. Perché la cura termale viene definita la 'medicina tradizionale del continente europeo' (capoverso 4)?

   Perché del aspetto della frequentazione e anche di riconoscimento a livello scientifico.
   O ms la recemente definita così.

4. Completate le frasi che seguono inserendo la parola appropriata, scegliendola tra le tre possibilità date.

   a. Una volta le terme erano frequentate dai nefropatici, ...*ossia*............ i malati con i reni un po' in disordine.

      ossia • tra l'altro • oltre a

   _____

   b. Una frequenza multiforme ....*quindi*................., quella delle terme.

      circa • quindi • mentre

   _____

   c. ....*Così*..............., in tutte le stazioni termali crescono i servizi aggiuntivi.

      tanto • così • come

   _____

   d. *Tuttavia*...... cresce di pari passo anche l'offerta di applicazioni prettamente curative.

      quanto • infatti • tuttavia

   _____

   e. La terapia termale, .*tra altro*...., negli ultimi anni è sempre di più oggetto di approfondite ricerche.

      naturalmente • tra l'altro • perché

   _____

f. Le terme, ...*dunque*...., vivono un imponente revival.

come dire • non solo • dunque

g. Non dimentichiamo, ...*infatti*....., l'impulso che le terme ebbero grazie ai Romani.

infatti • una volta • anche

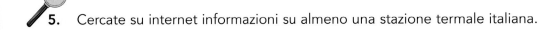

5. Cercate su internet informazioni su almeno una stazione termale italiana.

3. United Colors of Italy

Raffaele Simone, noto linguista italiano, è direttore del Dipartimento di Linguistica dell'Università 'Roma Tre'. Nell'articolo apparso su Italiano & Oltre, *una rivista per docenti di italiano lingua madre e lingua seconda, egli prende in esame il fenomeno dell'immigrazione recente e le relative conseguenze per la vita politica e civile in Italia.*

1. Scorrete l'articolo e scegliete un titolo appropriato per i paragrafi 2-5. Il titolo del paragrafo 1 è 'Introduzione'.

   paragrafo 2:
      a. innumerevoli ondate migratorie nel passato
   ✓ b. le caratteristiche della nuova immigrazione

   paragrafo 3:
   ✓ a. mancata integrazione
      b. influssi linguistici

   paragrafo 4:
   ✓ a. la scuola e l'unificazione culturale
      b. materiali didattici per l'insegnamento dell'italiano

   paragrafo 5:
      a. piano nazionale
   ✓ b. iniziative nuove

---

1 L'agenda dell'educazione italiana (quella che dovrebbe registrare i grandi problemi) ha nelle sue prime pagine titoli come i seguenti: *curriculum* per la nuova scuola, professione degli insegnanti, internazionalizzazione dei modelli educativi, sistemi di valutazione.

Ma la lista non si esaurisce così presto. Ci sono altri temi che hanno forse un respiro anche maggiore, e che, se non vengono affrontati in tempo – con una conoscenza informata, con dottrine precise e con soluzioni flessibili – corrono il rischio di trasformarsi in altrettante bombe, per la scuola e per la vita civile. Tra questi, il principale è quello dell'immigrazione. L'ISTAT ha comunicato qualche giorno fa che gli immigrati registrati in Italia sono il 2% della popolazione, e che l'incremento rispetto all'anno scorso è stato del 13,9%. In questa quota, i più

United Colors of Italy

L'Italia è ormai multietnica
Stiamo facendo qualcosa?

Raffaele Simone

numerosi sono i bambini (sia nati da genitori stranieri: 21.175; sia arrivati in Italia: circa 22.000). Si tratta di una vera e propria esplosione, che porterà rapidamente il nostro Paese a cambiare faccia nel giro di qualche anno.

La vita politica e civile è destabilizzata da questo problema, dinanzi al quale il nostro ceto di governo è completamente impreparato. Ad esempio si ostina a considerarlo come un problema di ordine pubblico e di umanitarismo assistenziale, mentre invece esso è evidentemente un tema culturale, linguistico e religioso. Siccome non mi pare di vederlo ai primi ranghi degli ordini del giorno del nostro ceto politico, mi permetto di indicarne qui alcuni tratti.

2 Che l'Italia sia da secoli un paese di immigrazione e di transito per i popoli alloglotti (come dicono i linguisti), è cosa nota. Intere regioni d'Italia (in particolare quelle del nord-est, del nord-ovest e del sud) sono state plasmate da innumerevoli ondate migratorie. Ma, fino a questo momento, queste immigrazioni non sembravano costituire un problema. Infatti, i nuovi venuti finivano rapidamente per omogeneizzarsi con la popolazione locale, e solamente i cognomi, e qualche voce del lessico familiare, restavano a segnalare la loro origine.
Oggi la cosa è diversa. Le immigrazioni sono diventate fluviali, clandestine, continue. Sono gestite da mafie internazionali. Sono quasi completamente fuori controllo. Inoltre, queste migrazioni hanno spesso connotazioni religiose e culturali molto forti. Con una specificità che mi pare unica al mondo: gli immigrati recenti, benché frequentino o abitino l'Italia da vent'anni e forse più, non sono affatto amalgamati con il nostro Paese, e non hanno attivato il minimo scambio culturale.

3 Bastino un paio di esempi: nessuna tradizione musicale, nessuna festa, nessun piatto di cucina, nessuna tradizione immigrata si è innestata nel gusto degli italiani. In alcuni casi, questa impermeabilità delle culture è fortissima. I cinesi, ad esempio, vivono in *enclaves* chiuse nelle città italiane, si frequentano tra loro, esplicano tra loro stessi perfino le attività mafiose che spesso li caratterizza-

no. Ripetono così quel che hanno fatto in altre parti del mondo, riproducendo infinite *Chinatowns* in giro per l'Italia.
Benché decine di migliaia di famiglie italiane abbiano una colf filippina, non una parola di tagalog è passata in italiano, né sapremmo dire che cosa queste persone mangiano, cantano o bevono durante le loro feste. È triste osservare che l'unica parola nuova (si fa per dire) che l'immigrazione ci abbia lasciato finora è *vu' cumprà*!

4 Non voglio provarmi a supporre che cosa questo isolamento significhi. Alcuni ritengono che sia una prova del sostanziale nativismo della società italiana: incapace di sentirsi unità in se stessa, rifiuta ancora di più l'idea di unirsi con persone che parlano altre lingue. In ogni caso, non c'è paese europeo (tolta forse la Spagna, dove la questione immigratoria è molto meno massiccia che da noi) in cui l'immigrazione sia al tempo stesso così abbondante e così trascurata. L'idea che gli immigrati "rubino" il lavoro (e magari le donne) agli italiani è troppo diffuso perché sia possibile qualsivoglia forma di fusione.
Una via per tentare l'unificazione, l'amalgama, la fusione - o perlomeno la comprensione - di italiani e stranieri passa attraverso la scuola. Sì, la scuola: perché è proprio lì che i due gruppi si incontrano in forma vistosa. In moltissime classi italiane, cinesi, polacchi, russi, maghrebini, curdi, ispano-americani e tanti altri si seggono accanto a bambini e a ragazzi italiani. In questo contatto, qualcosa accade: i bambini e i ragazzi cooperano molto più facilmente degli adulti, e si incontrano spesso, con qualche commozione, ragazzi o ragazze, magari di pelle scura, che parlano napoletano o fiorentino perché hanno fatto scuola in quelle città.
Ma non mi pare che questa straor-

dinaria risorsa sia stata finora né sfruttata né considerata a dovere. Gli insegnanti sono costretti a trattare i ragazzi immigrati alla stessa maniera degli italiani. Non hanno preparazione, perché nessuno gliel'ha data, non hanno neanche il giusto soprassoldo che si dovrebbe riconoscere a chi lavora in contesti difficili, nessun materiale didattico speciale è disponibile, e così continuando secondo le tipiche litanie che caratterizzano la vita civile italiana.

5 Qualcosa si muove, è vero. Un anno fa, il comune di Roma ha conferito al Dipartimento di Linguistica dell'Università di Roma Tre l'incarico di sviluppare un corso per la formazione di insegnanti dell'area romana che operano in classi in cui compaiano bambini e ragazzi immigrati. Il corso (diretto da Annarita Puglielli) ha avuto uno straordinario successo, e sta rapidamente creando uno standard. Subito dopo, il ministero della Pubblica Istruzione ha lanciato una analoga iniziativa su base regionale. In provincia di Torino si è costituito un centro per l'educazione dei migranti. Altre iniziative locali si segnalano. Ma è ancora da fare un piano nazionale, che contempli gli strumenti che vanno adoperati in un'azione che, come questa, è una guerra silenziosa: preparazione degli insegnanti e delle famiglie (anche di quelle italiane), studio delle culture e delle religioni dei migranti, elaborazione di materiali *ad hoc* (sulle lingue, sulle culture e religioni, sulle tradizioni popolari, ecc.).
E, naturalmente, costruzione di profili professionali speciali per gli insegnanti che vogliano o debbano operare negli ambienti di immigrazione, veri mediatori culturali, insegnanti *sans frontières* adatti allo spirito dei tempi. Bisogna far presto, prima che i fatti, come spesso accade, ci soverchino.

2. Indicate il motivo principale per cui, secondo Raffaele Simone, è necessario includere nella lista dei grandi problemi della scuola italiana quello dell'incremento del numero di bambini stranieri nelle scuole (paragrafo introduttivo).

✓ **a.** La presenza dei bambini stranieri nelle scuole italiane è considerata dalla classe governativa come un problema culturale, linguistico e religioso che potrebbe destabilizzare la vita politica e civile del paese.

b. Il ceto di governo non si rende conto del fatto che l'Italia è ormai un paese multietnico e il tema della presenza dei bambini stranieri nelle scuole italiane dovrebbe figurare ai primi posti negli ordini del giorno della politica italiana.

3. Quale parola manca per completare le espressioni che seguono? Cercate la risposta nel paragrafo introduttivo.

a. correre ...*il rischio*... di

b. il Paese potrebbe cambiare ...*faccia*...

c. nel ...*giro*... di qualche anno

d. il governo si trova impreparato ...*a questa*... problema

4. Accoppiate le parole a-d ad uno dei sinonimi 1-4 sottoelencati (paragrafo 2).

3 **a.** plasmate — 1. iniziato
4 **b.** omogeneizzarsi — 2. organizzate
2 **c.** gestite — 3. formate
1 **d.** attivato — 4. integrarsi

5. Che cosa intende Simone quando dice: ' ... questa impermeabilità delle culture è fortissima' (paragrafo 3)?

In generali gli società Italiana non è aperta alle influenze straniere *è di mentalità risstretta ed*

6. Descrivete la situazione in cui si trovano a dover lavorare molti insegnanti italiani di fronte a classi con molti bambini stranieri (paragrafo 4).

In moltissime classi *Non hanno preparazione*

7. Leggete il paragrafo 5. Completate lo schema indicando con delle parole chiave le iniziative che sono state prese di recente e quelle che vanno avviate nell'immediato futuro.

Iniziative prese di recente	Iniziative da avviare
a.	e.
b.	
c.	
d.	

8. Spiegate in italiano o nella vostra lingua madre il significato delle seguenti espressioni:

a. una colf filippina (paragrafo 3): ....*collaboratrice familiare* ...... *camariera* *ragazza alla pari*

b. 'vù cumprà' (paragrafo 3): *= Voi comprare = street seller*

c. il sostanziale nativismo della società italiana (paragrafo 4): ...*la vero insularita*..........

d. questa straordinaria risorsa (paragrafo 4): ...*il numero di differente razze presento e culture nella classe*

9. Quali sono adesso i gruppi etnici numericamente più consistenti in Italia? Consultate internet (per esempio il sito dell'ISTAT), un'enciclopedia o altre fonti. ✓

4. In cerca di democrazia

In questa recensione di Rocco Sciarrone, apparsa su L'Indice, è presentato il libro della sociologa Renate Siebert, Storia di Elisabetta. Il coraggio di una donna sindaco in Calabria. *Si tratta di uno studio sul ruolo delle donne in rapporto alla mafia, e in particolare la storia di Elisabetta Carullo, una giovane donna del Sud.*

1. Nell'articolo si parla del problema delle connessioni tra potere mafioso e politica. Esistono delle varianti locali di queste organizzazioni di stampo mafioso, come la camorra, la 'ndrangheta, e la Sacra Corona Unita. Cercate su internet, su un'enciclopedia o su altre fonti alcune informazioni relative a questi fenomeni, completando lo schema sottostante.

	Zona d'Italia	Origini
Mafia / *Cosa Nostra*	**Sicilia**	**prime origini: nel '700 e nell'800**
Camorra	*CALABRIA. NAPOLI*	*13th Cent.* *(Mid - 19th Century ~1860→)*
'Ndrangheta	*CALABRIA*	*1860's*
Sacra Corona Unita	*(APULIA) PUGLIA*	*1980s→*

In cerca di democrazia

di Rocco Sciarrone

Renate Siebert
STORIA DI ELISABETTA
IL CORAGGIO DI UNA DONNA
SINDACO IN CALABRIA
Pratiche, Milano 2001

1 Renate Siebert esplora da tempo la vita quotidiana di persone e comunità oppresse dal potere mafioso. È stata la prima studiosa ad analizzare in modo sistematico il ruolo delle donne in rapporto alla mafia. Non ama tuttavia essere considerata un'esperta di mafia. All'autrice interessa piuttosto indagare il vissuto dei soggetti – soprattutto donne del Sud – che incontra nelle sue ricerche, utilizzando sapientemente metodi qualitativi, in particolare l'intervista biografica. Ne è testimonianza anche questo suo lavoro, che racconta la storia di Elisabetta Carullo, nata nel 1966, laureata in lingue, che a ventisette anni diventa sindaco di Stefanaconi, un piccolo comune calabrese – con meno di tremila abitanti – a pochi chilometri da Vibo Valentia.

2 Il consiglio comunale di Stefanaconi viene sciolto per infiltrazioni mafiose nel 1991. Un anno dopo si svolgono le elezioni che riconfermano il sindaco uscente. Anche questa amministrazione viene sciolta, in quanto egli risulta ineleggibile a causa di una condanna per truffa. Nel 1994 le nuove elezioni danno la vittoria a una lista civica di sinistra capeggiata da Elisabetta Carullo. Una vittoria per niente scontata: quando Elisabetta e i suoi amici, tutti giovanissimi, manifestano la loro volontà di impegnarsi politicamente, sono oggetto di una serie impressionante di attentati. In quattro anni se ne contano più di ottanta, alcuni molto gravi. Nonostante le intimidazioni e le violenze mafiose, essi decidono di resistere e andare avanti.

3 A Stefanaconi il fenomeno mafioso è recente: è un caso di espansione mafiosa per contiguità territoriale, che nasce dalle relazioni con le potenti cosche della 'ndrangheta della piana di Gioia Tauro, che a partire dagli anni settanta hanno esteso i loro interessi verso il Vibonese. Nel 1990 si verificano gli omicidi di due giovani di vent'anni. Sono episodi cruciali che cambiano il modo di vivere della gente: "gli abitanti si sono chiusi letteralmente tra le pareti di casa". La violenza – spiega Elisabetta – "provoca il crollo totale della fiducia negli altri: all'improvviso qualcosa era cambiato, qualcuno aveva dimostrato di avere il potere di togliere la vita a un altro; ci sembrava assurdo". È allora che nel piccolo centro, tra i giovani riuniti attorno alla pubblicazione di un periodico, comincia a maturare l'idea di una lista civica, per offrire un'alternativa all'amministrazione del paese. Grazie a questa iniziativa, gli abitanti di Stefanaconi scoprono l'interesse per la politica. Nel paese si assiste a una partecipazione senza precedenti alla campagna elettorale: "tante di-

scussioni infiammate, l'intero paese in fermento". A causa degli attentati il caso Stefanaconi richiama l'attenzione delle istituzioni e dell'opinione pubblica. La lista capeggiata da Elisabetta vince le elezioni con una netta maggioranza. E vincerà anche nelle elezioni successive, questa volta per soli ventisei voti. Si tratta però ancora di un grande successo, se si tiene conto di quanto accade nel frattempo.

4 Molti si tirano indietro, per paura, per convenienza o collusione. Per questo – dice Elisabetta – vincere di nuovo è stato un miracolo. Lei stessa ha dovuto sopportare accuse di protagonismo e defezioni da parte di amici e persino parenti, tanto che i familiari del marito le hanno tolto il saluto. Con una tecnica ben collaudata nei contesti mafiosi, hanno cercato di fare terra bruciata intorno a lei, di isolarla. È stata accusata di aver spaccato il paese in due, solo perché ha dato ai cittadini la possibilità di un'alternativa: "In realtà, a Stefanaconi c'è sempre stato chi ha condiviso certi modi di fare e chi non li ha mai accettati. (...) La spaccatura si è creata nel momento in cui siamo comparsi noi, perché finalmente gli abitanti hanno trovato un loro punto di riferimento e, molti, anche il coraggio di uscire allo scoperto". Il punto fondamentale dell'azione amministrativa – dice ancora il sindaco – è stato proprio quello di aiutare la popolazione a prendere posizione e a reagire.

5 Il tema della fiducia è il filo rosso che attraversa la storia. Ne parla più volte, con consapevolezza, Elisabetta: "Il problema di fondo è la poca fiducia nelle istituzioni in generale, mentre la fiducia è la chiave di tutto: l'amministratore ha un obiettivo principale, quello di conquistarsi la fiducia dell'elettorato. Non per vincere le prossime elezioni, ma perché i cittadini capiscano che esiste un…?

6 La storia di Elisabetta appare dunque esemplare perché mostra, in tempi di antipolitica e populismo, quale può essere lo spazio della politica e quali funzioni dovrebbe esercitare per dare pieno valore alla cittadinanza democratica. Per questo, quando si finisce di leggere il volume, viene voglia di andare a Stefanaconi, di conoscere Elisabetta, per vedere come la politica possa ancora creare entusiasmo e, in definitiva, fare la *differenza*. Lo spiega ancora molto bene lei stessa: "per me la politica è una cosa seria. Credo davvero che sia il sale della vita: è ciò che in pochi anni mi ha fatto capire che cosa è davvero vivere, che cosa sono gli ideali, quali sono le cose per le quali vale la pena di combattere, di vivere e, se serve, di morire". Insomma, una storia che riesce a trasmettere al lettore una grande voglia di politica. ◼

2. Descrivete il profilo professionale di Renate Siebert (tipo di ricerche, metodi di lavoro, interessi specifici), basandovi sul capoverso introduttivo.

R.S. esplora da tempo la vita quotidiana di persone e comunità oppresse dal potere mafioso. È stata la prima studiosa ad analizzare in modo sistematico il ruolo delle donne in rapporto alla mafia. All'autrice interessa piuttosto indagare il vissuto dei soggetti - soprattutto donne del Sud. Utiliza sapientemente metodi qualitativi, in particolare l'intervista biografica

3. Chi è Elisabetta Carullo (capoverso 1)?

a. anno di nascita: ......nata nel 1966........

b. laurea universitaria: ...laureata in lingue....

c. diventata a ...ventisette........... anni sindaco di Stefanaconi, un piccolo ...Comune... calabrese di meno di tremila abitanti.

4. Perché sono state organizzate le elezioni nel 1992 e quali ne sono stati i risultati (capoverso 3)?

.... il consiglio comunale di Stefanaconi viene sciolta per infiltrazioni mafiose nel 1991

5. Descrivete gli episodi che hanno sconvolto il passato recente di Stefanaconi e l'impatto che hanno avuto sul modo di vivere della gente del paese (capoverso 3).

Dopo le nove elezioni di 1994, il nuovo consiglio era l'oggetto di una serie impressionante di attentati. Molti si tirano indietro per paura, per convenienza, o collusioni. Eliz e stata accusata di aver spaccato il paese in due. L'amministratore ha un obbiettivo principale, quello di conquistare la fiducia dell'elettorato.

6. Sono vere o false le seguenti affermazioni (capoversi 3 e 4)?   vero   falso

a. Grazie all'iniziativa della lista civica per offrire un'alternativa alle infiltrazioni mafiose nell'amministrazione del paese, gli abitanti di Stefanaconi riscoprono l'interesse per la politica. *solo indirettamente*   ✓ / ✗   *la spaccatura se era creata*
(l'una netta maggioranza è per soli ventisei voti)

b. La lista capeggiata da Elisabetta Carullo vince due volte le elezioni con una netta maggioranza.   ✗   ✓

c. Elisabetta Carullo viene accusata di aver spaccato il paese in due.   ✓   ○

d. Per la prima volta si crea a Stefanaconi una spaccatura tra chi condivide certi modi di fare mafiosi e chi non li accetta.   ✓   ✓

7. Le seguenti parole ed espressioni rientrano tutte nel campo tematico della mafia. Indicate con 'sì' o 'no' quali compaiono in questo articolo e quali no.

	sì	no			sì	no
a. potere mafioso	✓	○	f.	ricatto	○	✗
b. boss	○	✗	g.	omertà	○	✗
c. infiltrazioni mafiose	✓	○	h.	protezione	○	✗
d. truffa	✓	○	i.	collusione	✓	○
e. cosche	✓	○				

8. Qual è il legame fra fiducia nelle istituzioni e democrazia, secondo Elisabetta Carullo (capoverso 5)?
Il problema di fondo e la poca fiducia nelle istituzioni in generale, mentre la fiducia è la chiave di tutto. per convincere i cittadini che esiste un'alternativa a la potere mafioso

9. Secondo Rocco Sciarrone la storia di Elisabetta può considerarsi 'esemplare' per chi crede ancora in un contributo positivo della politica alla democrazia soprattutto 'in tempi di antipolitica e populismo' (capoverso 6). Quali sono le espressioni con cui Sciarrone sottolinea questa sua opinione?

1. *dare pieno valore alla cittadinanza democratica* ....

2. *Stare invoto, quando finisce di legger il volume, di venire voglia di andare a Stefanaconi le vedere come la politica possa ancora creare entusiasmo   di conoscere Elisabetta*

3. ....

4. ....

5. ....

⬧ 5. Non c'è più acqua nelle terre del Sud

Questo articolo del giornalista Attilio Bolzoni, apparso su La Repubblica, *è il primo di quattro puntate di un servizio, intitolato 'L'Italia a secco', dedicato ai problemi causati dalla desertificazione del Sud.*

E' crisi in Capitanata, fuga dalle masserie. L'accusa: "Basterebbe attingerla dal vicino Molise, ma non si fa..."

DESERTIFICAZIONE, LE CIFRE

27%
IL TERRITORIO NAZIONALE
A RISCHIO DESERTIFICAZIONE
[PARI A 90MILA CHILOMETRI
QUADRATI]

3
LE REGIONI PIU' ESPOSTE:
· SICILIA
· PUGLIA
· SARDEGNA

14
LE AREE PIU' SENSIBILI:
· SIRACUSA · CALTANISSETTA · AGRIGENTO · ENNA · BARI
· RAGUSA · TARANTO · TRAPANI · PALERMO
· SASSARI · FOGGIA · CATANIA · CAGLIARI

Non c'è più acqua nelle terre del Sud
tra le campagne avanza il deserto
Solo pietre nei fiumi del Foggiano, così muore l'agricoltura

1. Guardate le cifre riguardanti il problema della desertificazione del Sud d'Italia. Per ciascuna regione scrivete le città nominate. Potete usare un atlante.

Sicilia	Puglia	Sardegna
SIRACUSA	TARANTO	SASSARI
RAGUSA	FOGGIA	CAGLIARI
CALTANISSETTA	BARI	
AGRIGENTO		
TRAPANI		
CATANIA		
ENNA		
PALERMO		

DAL NOSTRO INVIATO
ATTILIO BOLZONI

1 LUCERA - Nella grande pianura l'erba non profuma mai di erba. I campi scottano già alla fine dell'inverno, si coprono di croste, si spaccano, buttano cattivi odori. Le margherite non crescono più e non strisciano più neanche le bisce. Nell'aria volano insetti che non si erano mai visti prima, planano su immense distese di ortaggi, si mangiano le piantine, fanno abortire i fiori, succhiano il loro nettare fino all'ultima goccia. Come la peste poi deformano i frutti. Il grano è pallido, di un colore che non si capisce se è giallo o se è grigio, comunque è senza vita, fritto dal sole e avvelenato da qualcosa d'ignoto che sale dalle profondità. Sembra tutto morto qui intorno. La terra non è più terra ma sabbia in questo Sud Est italiano che sta diventando deserto. Siamo in Capitanata, la provincia di Foggia che è la prima porta del nostro Magreb.

2 Non c'è acqua nella grande pianura che una volta era fertilissima, non c'è più acqua e non piove mai. Le campagne sono bruciate dal mese di febbraio anche se appena dietro le colline passa l'Acquedotto Pugliese, il più lungo del mondo con i suoi quasi 20mila chilometri di condotte e canali, tre volte il corso del Mississippi e trenta volte quello del Po, maestosa opera di ingegneria idraulica che disseta più di 5 milioni di abitanti ma non fa arrivare un tubo negli agri di Lucera o di San Severo, non fa arrivare neppure un litro dell'oro che gli scorre dentro tra le sementi di Torremaggiore, di Rignano, di Apricena. In fondo ai campi screpolati c'è pure la diga in terra battuta più grande d'Europa, quella dell'Occhito. È vuota, là sotto c'è da pompare ormai solo fango.

3 A trenta e a quaranta chilometri i fiumi del Molise intanto vomitano cascate di acqua in mare. Nessuno la va a prendere, nessuno la «invasa» come dicono quei tecnici che non fanno nemmeno più i conti con i metri cubi e con i litri al secondo, sono ragionieri dell'acqua che non c'è, il Consorzio di Bonifica non la distribuisce più da almeno un anno.

4 I fiumi della Capitanata sono sentieri di pietra. Seguendo uno dei ruscelli che sono diventate strade, quel Triolo che sulle carte geografiche è ancora un segno blu, siamo arrivati alla fattoria di Pierino Di Donato.

5 Faceva il guardiano di pecore un quarto di secolo fa Pierino quando è sceso dal suo paese aggrappato alla schiena della montagna, poi ha lavorato sodo, ha comprato appezzamenti su appezzamenti, ha piantato barbabietole, ha affittato le sue serre, ha rischiato tutto quello che aveva con i mutui per investire i guadagni ancora nella sua terra. E ha convinto le tre figlie femmine e il figlio maschio che il loro futuro era lì, tra le praterie della Capitanata dove 70mila contadini si dividono 450mila ettari. Dopo vent'anni Pierino è rovinato per l'acqua che non ha più.

6 Sono centinaia e centinaia gli agricoltori che abbandonano le loro masserie, i piccoli proprietari che muoiono e quelli grandi che diventano piccoli. Fino a poco tempo fa questi agri davano 30 dei 45 milioni di quintali del pomodoro che si producevano in tutta Italia, una grande ricchezza che si sta prosciugando come le dighe attorno.

7 Il furgone di Pierino scavalca fossi asciutti e scende in quel fiume Triolo, ci corre dentro sollevando nuvole di polvere, sopra passano grandi tubi di acciaio, le reti di irrigazione che sono ormai tane per lucertole. Il fiume di sassi finisce quando cominciano le canne. Sono alte fino a tre metri, sono senza linfa anche loro, piegate, rinsecchite, bruciate. Il contadino ne è certo, purtroppo: «Ancora un mese e poi prenderanno fuoco con il primo vero caldo... qui c'è sempre un incendio al giorno, fumo e fiamme come all'inferno».

8 Il primo caldo in verità è arrivato in anticipo quest'anno in Capitanata. Più di 25 gradi a mezzanotte, in aperta campagna.

9 Ed era solo metà marzo. È la macchina del tempo che è impazzita, non c'è più inverno tra Lucera e San Severo, non c'è mai freddo, stagioni sempre più bollenti, non ci sono più le lepri, sono spariti i pini marini, quando di tanto in tanto dal cielo cade qualche goccia è sempre sporca, è rossastra, porta sabbia che viene da lontano.

10 È la terra buona che arretra e il Sahara che avanza, che conquista questo Sud Est schiacciato

tra i primi Appennini e il mare, una delle 14 zone esposte al rischio desertificazione della Penisola. Si comincia da giù con una striscia sempre più desolata della provincia di Siracusa e si finisce su tra gli aridi suoli di Sassari, passando però anche dalla Lucania e qui in Puglia dalle assetate campagne di Taranto e di Bari e di Foggia, novantamila chilometri quadrati, il 27 per cento del territorio nazionale minacciato dallo scirocco perenne, campi senza più pascoli e senza più alberi. Gli esperti delle grandi questioni ambientali lanciano il loro allarme per un quarto di Bel Paese che può essere divorato dal deserto, ma intanto il deserto ha già quasi inghiottito i 32 ettari coltivati a pomodoro da Pierino Di Donato e dalla sua famiglia.

11 Vent'anni fa non era così. Vent'anni fa era un altro mondo questa Capitanata dove era venuto Pierino che aveva il padre contadino come suo nonno e il nonno di suo nonno. Poi tutto è cambiato. «Ci sono i vermi rossi che prima non c'erano e che si rosicchiano le piante, ci sono i vermi verdi che attaccano le radici, poi ci sono quei moscerini e quei funghi che sono i più pericolosi...», racconta pensando al suo raccolto e pregando tutte le Madonne del circondario perché non arrivi «quella cosa» anche nei prossi-

mi mesi, la peste dei pomodori, prima le macchie nere, poi i bubboni che spuntano, due o tre giorni e il frutto è senza polpa. Quando prende in un campo è la fine per tutti: milioni di quintali di pomodoro marcio.

12 L'acqua che c'è scorre al confine della provincia, a qualche decina di chilometri ci sono gli ultimi «rami» dell'imponente Acquedotto Pugliese che alla Capitanata distribuisce solo quella potabile. Si potrebbe 13 dirottarla da lì l'altra acqua per le terre, ma ancora più facilmente portarla giù dal vicino Molise che ne ha in abbondanza e poi convogliarla in quella gigantesca diga dell'Occhito che è sempre vuota. Tutti che lo dicono, ma nessuno programma velocemente, nessuno sembra veramente rendersi conto di cosa possa provocare un'altra estate. Ne intuisce tutti i pericoli Paolo Petrilli, giovane proprietario terriero, vicepresidente del consorzio di bonifica. È molto avvilito, Petrilli: «Siamo senza una goccia d'acqua per disinteresse sovrano, la nostra situazione è drammatica ma ci vorrebbe poco per risolverla, una condotta di qualche miliardo che attinga dai fiumi molisani, i costi sono ridottissimi, eppure tutto è incredibilmente fermo». C'è solo il sindaco di Foggia Paolo Agostinacchio che alza la voce, che promette

di incatenarsi davanti al ministero dei Lavori pubblici. È di Alleanza Nazionale il sindaco, se la prende con Roma ma anche con il «governatore» della Regione Puglia Raffaele Fitto che è della sua parte politica. Non c'è centro destra e centro sinistra nella Capitanata arsa, dove i contadini si preparano a dar fuoco ai certificati elettorali e qualcuno minaccia pure la Secessione dalle Puglie.

Il nostro primo viaggio nel clima più estremo finisce davanti a una grande mappa. L'ingegnere Giuseppe D'Arcangelo, direttore dei servizi tecnici del consorzio di Bonifica, traccia le linee e disegna un triangolo. Poi fa una vera e propria rivelazione: «Qui, tra Manfredonia e Foggia e Margherita di Savoia, le precipitazioni annue sono sotto i 300 millimetri. È sempre stato così negli ultimi tempi dalle nostre parti, sono gli stessi valori dei paesi nordafricani». Un paio di anni fa un agricoltore della Capitanata ha trovato sulla sua terra delle piccole formazioni di roccia, luccicavano, sembravano un impasto di sale e di sabbia. Erano molto simili alle «rose del deserto». Quelle che si raccolgono in mezzo alle dune, sulle piste tunisine che tra i miraggi portano alle oasi di Tozeur.

da La Republica, 9 aprile 2001

2. L'articolo comincia con una descrizione della Capitanata, una zona vicino a Foggia. Come si presenta il territorio agli occhi del giornalista (capoverso 1)? Completate.

a. L'erba non _profuma mai_ di erba.

b. I campi si coprono di .... crosta ...., si spaccano, buttano cattivi ..... odari ....

c. Le margherite non ..... crescono .... più.

d. Volano ... insetti .... mai visti prima, che mangiano le ...... piantine ....

e. Il grano è ..... pallido ...., è senza vita.

f. La terra non è più terra, ma ..... sabbia ....

3. Quanto è lungo l'Acquedotto Pugliese (capoverso 2)?

   È lunga di quasi 20 mila chilometri ....

4. Sono vere o false le seguenti affermazioni (capoversi 2-4)?   vero   falso

   a. L'Acquedotto Pugliese è un capolavoro di ingegneria idraulica.   ☑   ○

   b. Né l'Acquedotto Pugliese, né la diga dell'Occhito hanno risolto
      i problemi dell'agricoltura della Capitanata.   ☑   ○

   c. I fiumi della Capitanata, come quelli del Molise, vomitano
      cascate di acqua in mare.   ☑   ○

5. Nella vita professionale di Pierino Di Donato si possono distinguere tre tappe diverse. Quali sono
   (capoverso 5)? Completate lo schema.

Pierino Di Donato: vita professionale	
Periodo 1	
Periodo 2	
Periodo 3	

6. 'Desertificazione' deriva da 'deserto'. Spiegate in che cosa consiste il fenomeno della desertificazione (capoverso 10).

   ....

7. Completate la tabella, inserendo i dati statistici mancanti (capoverso 10).

La desertificazione nel Sud d'Italia		
Numero delle zone maggiormente colpite	Percentuale del territorio nazionale minacciato	Chilometri quadrati
a. 14	b. 27 %	c. Novantamilia 90,000

8a. Qual è la soluzione proposta da Paolo Petrilli (capoverso 12)?

....

8b. Che cosa intende fare Paolo Agostinacchio (capoverso 12)?

....

9. Indicate i nomi di piante e di prodotti agricoli che figurano nell'articolo.

1. **erba** *(campi)*
2. margherite ✓
3. fiori ✓
4. frutti ✓
5. grano ✓
6. barbabietole ✓
7. pomodoro ✓
8. canne ✓
9. pascoli ✓
10. alberi ✓

(sementi) ✓
(serre) ✓
(praterie) ✓
radici ✓
funghi ✓
(bubboni) ✓
(rose del deserto)

10. Indicate le parole che appartengono al campo tematico 'acqua'.

1. **goccia**
2. acquedotto ✓
3. condotte ✓
4. canali ✓
5. il corso ✓
6. idraulica ✓
7. dissetare ✓
8. tubo ✓
9. scorrere ✓
10. diga ✓

("litro dell'oro")

pompare ✓
fiumi ✓
cascate ✓
mare ✓
litri ✓
ruscelli ✓
potabile ✓

11. Indicate la parola estranea.

a. bruciato • rinsecchito • <u>dirottato</u> • arso

b. <u>bisce</u> • lucertole • vermi • macchie

c. moscerini • <u>scirocco</u> • pecore • lepri

d. fattorie • agricoltori • masserie • <u>furgone</u>

6. Costumi e mentalità degli italiani

Il testo che segue è tratto dal terzo capitolo di uno studio di Antonio Gambino, intitolato Inventario italiano. Costumi e mentalità di un paese materno. *Antonio Gambino è giornalista, saggista e commentatore politico.* Inventario italiano *è dedicato ai costumi e alla mentalità degli italiani.*

1 Prima di andare avanti è forse utile riassumere brevemente il percorso fin qui fatto. L'ipotesi da cui siamo partiti è che esistano una serie di comportamenti e di caratteri degli italiani che, se non immutabili, sono certamente dotati della capacità di una lunga permanenza nel tempo. Per cercare di stabilire quali essi siano, ci siamo rivolti alle notazioni che, su questo tema, ci hanno lasciato una serie di osservatori, sia stranieri che italiani. E ne abbiamo ricavato un quadro che ci è sembrato sufficientemente coerente. Gli italiani ci sono apparsi, da un lato, nei loro gesti e nelle loro reazioni, come fondamentalmente mutevoli e contraddittori: e di qui la loro identificazione esterna con Arlecchino, il "servo di due padroni" coperto di un vestito di stracci multicolori, come i tanti e contrapposti aspetti del suo carattere. Ma, dall'altro, saldamente radicati in una serie precisa di qualità e di vizi: una "naturalezza" a cui corrisponde il rifiuto di ogni vero vincolo di gerarchia e di disciplina; una "familiarità" di atteggiamenti e di costumi indubbiamente accattivante ma che, al tempo stesso, indica un modo di vita restio a ogni forma di elaborazione e di sviluppo; una "spontaneità" che nasconde nelle pieghe della sua apparente gioia di vivere una sottile mancanza di fiducia in se stessi e nel mondo circostante; un interesse per la politica che si esaurisce tutto nella superficiale e ossessiva critica dell'attività dei governi.

2 L'ipotesi successiva è stata quella di vedere se tutti questi atteggiamenti e modalismi non potevano essere ricondotti all'interno di un unico modello interpretativo. E avendo risposto di sí, che cioè alla base di tutto vi è la mancanza di un sentimento primario di socialità (vissuto non solo come dovere ma anche come piacere, cioè come vocazione e gusto di partecipare attivamente a un "corpo" nel quale ci si riconosce), abbiamo provato a definire tale modello come quello di una mentalità materna: intendendo con questo una tendenza a portare nella vita collettiva i criteri validi per quella familiare e l'incapacità di riconoscere che una società, per svilupparsi in modo ordinato e proficuo, ha invece bisogno di legami elettivi, basati sull'applicazione imparziale di principî generali.

1. In *Inventario italiano* Gambino si propone di indagare i costumi e la mentalità degli italiani. Quali sono stati l'ipotesi di partenza e il metodo di lavoro che ha seguito? Completate lo schema.

Domanda	Ci sono dei tratti semi-permanenti nei costumi e nella mentalità degli italiani?
Ipotesi di partenza	*Che esistano ...*
Metodo di lavoro	*ci hanno lasciato ...*

2. Completate le frasi a-c scegliendo il connettivo giusto.

da un lato... dall'altro • al tempo stesso • sia... che

   a. Per cercare di stabilire quali siano i comportamenti degli italiani ci siamo rivolti alle notazioni che,

      su questo tema, ci hanno lasciato una serie di osservatori ....*sia*....... stranieri ....*che*...... italiani.

   b. Gli italiani ci sono apparsi, ...*da un lato*..... fondamentalmente mutevoli e contraddittori, ma

      ....*dall'altro*............... saldamente radicati in una serie precisa di qualità e di vizi.

   c. Questo indica una familiarità di atteggiamenti e di costumi indubbiamente accattivante, ma,

      ...*che al tempo stesso*....., un modo di vita restio a ogni forma di elaborazione e di sviluppo.

3. Indicate la frase che riassume meglio la conclusione di Gambino, riguardo alla domanda iniziale se esistano dei tratti semi-permanenti nei costumi e nella mentalità degli italiani.

   a. Gli italiani sono mutevoli e contraddittori e assomigliano in questo senso al personaggio di Arlecchino.
   b. Gli italiani rifiutano ogni forma di gerarchia e di disciplina.
   c. Gli italiani sono mutevoli e contraddittori ma allo stesso tempo presentano caratteristiche inconfondibili.

4. Qual è stata l'ipotesi successiva di Gambino nella seconda fase della ricerca? Provate a riformularla, completando la seguente frase.

   È possibile ....

5. Indicate la frase che riassume meglio il punto di vista di Gambino.

Alla base degli atteggiamenti mutevoli e contraddittori degli italiani c'è:

   a. la mancanza di un sentimento di socialità
   b. una mancanza di amore materno
   c. una mancanza di disciplina

6. Rileggete il secondo capoverso. Qual è il soggetto grammaticale dei due gerundi che vi figurano?

a. e avendo risposto di sì
  ✓1. noi (i.e. l'autore)
   2. gli italiani

b. intendendo con questo
✕ ✓1. tale modello
 ✓ 2. noi (i.e. l'autore)

7. A quali elementi testuali precedenti a questo passo si riferiscono i pronomi in neretto (capoverso 1

... Per cercare di stabilire quali **essi** siano, ci siamo rivolti alle notazioni che, su **questo** tema, ci hanr lasciato una serie di osservatori, sia stranieri che italiani. E **ne** abbiamo ricavato un quadro che ci sembrato sufficientemente coerente ...

a. essi: *e di caratteri degli italiani* *una serie di comportamenti*   b. questo: *l'ipotesi che esistono* ?   c. ne: *(osservatori)* *notazione*

8. Cercate un sinonimo per i seguenti vocaboli. Consultate, se necessario, il dizionario.

a. ricavare (capoverso 1):   *estrarre   ottenere*

b. ricondurre (capoverso 2):   *riportare*

c. primario (capoverso 2):   *fondamentale*

9. Gambino parla degli aspetti contraddittori del carattere degli italiani. Dove sta esattamente ques contraddizione? Indicate le qualità e i vizi che fanno coppia (capoverso 1).

a. spontaneità e gioia di vivere

b. interesse per la politica

c. familiarità di costumi
   e naturalezza di atteggiamenti

1. rifiuto di ogni forma di elaborazione e di sviluppc

2. mancanza di fiducia

3. critica dell'attività dei governi

10. Siete d'accordo con il punto di vista di Gambino riguardo ai costumi e alla mentalità degli italiani? Potete elencare cinque o sei aggettivi con cui li definereste?

Gli italiani sono:

1. ....

2. ....

3. ....

4. ....

5. ....

6. ....

7. E la vita va con la spintarella

Nell'articolo che segue, proveniente dalla rubrica 'Luoghi comuni' di Tuttolibri, *viene preso in esame il fenomeno della raccomandazione.*

1. Leggete i titoli, guardate la foto e le didascalie. Che cosa significa la parola 'spintarella' in questo articolo secondo voi?

   a. una piccola spinta data a un corridore in salita, nelle gare di ciclismo
   b. un piccolo aiuto per ottenere o ricevere qualcosa ✓

E la vita va con la spintarella
Dalla culla alla tomba: la raccomandazione, un attrezzo fondamentale dell'italica arte di arrangiarsi

DA LEGGERE

D. L. Zinn
La raccomandazione.
Clientelismo vecchio e nuovo
Donzelli, Roma 2001
Da vedere:
Mi manda Picone ?
di Nanni Loy
con Giancarlo Giannini
1983

2. Chi potrebbe essere il signor Picone, a cui si riferisce il titolo del film di Nanni Loy? Sottolineate la soluzione che vi sembra più probabile.

un personaggio potente ✓ • il regista • il protagonista del film • un parente

3. Scorrete l'articolo. Quale di queste definizioni si addice di più a questo testo secondo voi?

   a. la recensione del film di Loy
   b. lo studio etnografico del fenomeno della raccomandazione ✓
   c. la recensione di un libro scritto da un'antropologa americana

1 CONTARE su una spintarella. Essere ammanicati. Essere appoggiati. Ricevere il calcio giusto. Avere una "zeppa". Disporre di un "aggancio". La raccomandazione - comunque la si vuole mettere - è sempre stata intesa, nel nostro parlare quotidiano, come un procedere. Un avanzare, lungo gli infiniti inciampi del nostro vivere quotidiano. Dove per rendere maggiormente precci ma la meta, e meno aleatorio il suo avvicinarsi, è opportuno prendere personalissime scorciatoie. Per imboccare le quali è necessario chiedere soccorso. A chi? A chi si reputa affidabile e in grado di operare questo spianamento del percorso. Un potente, dunque. Almeno rispetto a chi chiede.

2 Chi si affida alla raccomandazione - oltre a utilizzare una forma particolare di relazione sociale che è motore fondamentale del clientelismo - compie una specie di rito magico. Che è quello di invocare la buona sorte attraverso il contatto con chi si reputa - a torto o a ragione - dotato di qualche influenza sul misterioso corso delle segrete cose. Facevano così le torme di scrofolosi nella Francia antica quando accorrevano al passaggio del loro sovrano chiedendogli di poterlo toccare per essere sanati dalle loro sofferenze. Un sovrano - come tutti i potenti di ogni epoca e grado - è sempre rivestito da un ruolo taumaturgico, demiurgico. Lo è in quanto influisce sullo svolgersi di cose misteriosamente celate - agli occhi dei più - nel loro originarsi e svolgersi. Per i contadini della Francia medievale erano le malattie endemiche. Per i nostri concittadini che s'affidano ancora alla raccomandazione erano - e continueranno ad essere - altri misteri. Ad esempio i meccanismi dei concorsi che decidono posti di lavoro. I criteri di assegnazione di benefici pubblici (pensioni, case popolari, borse di studio, etc). I tempi di svolgimento di pratiche burocratiche.

3 L'elenco potrebbe continuare a lungo e chi è interessato a coglierne tutte le implicazioni non deve far altro che leggere l'interessantissimo saggio dell'antropologa statunitense Dorothy Louise Zinn "La raccomandazione" appena pubblicato da Donzelli. La ricerca della Zinn è il frutto di anni di ricerca etnografica condotta a Bernalda, una cittadina in provincia di Matera. Ed è qui che la Zinn scopre non solo come la raccomandazione sia un "fatto sociale totale" ma soprattutto come sia "elemento fondamentale... nel senso di identità dei meridionali". Questo non significa affatto che la pratica della "spintarella" sia poco conosciuta nel Centro-Nord del Paese ma piuttosto come quella della raccomandazione, nell'Italia del Sud, sia percepita apertamente come un vera e propria cultura: plasmatrice di comportamenti personali, di connessioni sociali, di modelli di valore.

4 Nell'aprire il suo libro la Zinn, basandosi sempre su testimonianze raccolte nella sua ricerca a Bernalda, delinea la raccomandazione come "ciclo di vita". La raccomandazione segue - in questo modello di relazioni sociali - l'intero ciclo esistenziale dell'individuo, dalla culla alla tomba. "Una donna incinta prossima al parto ottiene spesso una raccomandazione per un letto in un certo ospedale o magari per una camera privata...". E successivamente: "per tutta la carriera scolastica dei figli i genitori manovrano con varie raccomandazioni per far sì che i figli vadano nelle sezioni migliori... Per tutta la durata della scuola i genitori bernaldesi intervengono abitualmente con gli insegnanti per ottenere che i figli siano promossi o abbiano voti più alti...". Via via che si avanza negli anni la raccomandazione fronteggia altri nodi esistenziali. L'obbligo di leva, per esempio: "A diciotto anni i giovani che hanno davanti il periodo del servizio militare obbligatorio possono cercare una raccomandazione per adempierlo facendo un lavoro a tavolino, per un trasferimento in un posto più vicino e persino per l'esonero...".

5 Vero Everest da scalare solo con l'ausilio della raccomandazione è la ricerca di un posto di lavoro. Scrive la Zinn: "L'uso della raccomandazione per avere un posto è senza dubbio una delle più note manifestazioni del fenomeno... Secondo una convinzione diffusa i concorsi che danno accesso a un lavoro sono manipolati a favore dei candidati raccomandati e i risultati si conoscono in anticipo". La "spintarella" spiana anche le difficoltà poste da una burocrazia lenta e labirintica. "Quando volevo il passaporto - afferma uno degli intervistati dalla Zinn - non sono mica andato alla Questura di Matera. No. Perché c'è il clientelismo, se arriva una pratica raccomandata metto tutte le altre dietro. Vado da un mio amico...". Paradossale giustificazione del ricorso alla raccomandazione proprio perché ci sono troppi raccomandati in giro! La ricostruzione di questa vita a spintarella procede, passo dopo passo, sino ai passi finali. Quando, ovviamente, un "aggancio", aiuterà a sistemare anche le pratiche dell'eredità.

6 Il libro della Zinn è ben attento alle classificazioni di questa pratica sociale (autoraccomandazione, raccomandazione di simpatia, di scambio, raccomandazione comprata, sino alla tangente vera e propria) ma non ignora le diverse direzioni dell'uso "della spintarella". Che può svilupparsi in verticale, come ascesa nella scala sociale. E in orizzontale: spianamento del quotidiano attrito posto dal vivere in un Paese che si reputa essere retto da regole effettive diverse da quelle enunciate. Regole dunque che, come la scrofola, hanno origini misteriose e sono sanabili (o schivabili) solo grazie al tocco del sovrano. O di chi pur lontanamente lo rappresenta.

7 Già il film "Mi manda Picone" di Nanni Loy aveva dato modo di cogliere, anche grazie alla magistrale interpretazione di Giancarlo Giannini, come la raccomandazione fosse un attrezzo fondamentale dell'italica arte di arrangiarsi. Il saggio della Zinn lo ribadisce, inquadrando con forza anche il cupo contrappunto che accompagna questa nostra particolarissima specificità. Ovvero l'ergersi di gerarchie spesso immeritevoli e raramente stimate. Il sopravvivere di sganghierate modalità di comando, di comunicazione, di consenso da parte di chi esercita il potere, grande o piccolo che sia. Ingredienti che hanno fatto sì che noi italiani - del Nord, del Centro, del Sud - siamo quel che siamo. Nel bene e, soprattutto, nel male.

da Tuttolibri: La Stampa, 6 ottobre 2001

4. Leggete il capoverso iniziale. Indicate le espressioni estranee.

la raccomandazione - la spintarella - disporre di un aggancio - essere ammanicati
essere appoggiati - ricevere il calcio giusto - avere una zeppa - il vivere quotidiano
gli inciampi infiniti - rispetto

5. Nel primo capoverso ricorre la metafora della 'strada della vita'. Indicate le espressioni che contribuiscono a creare questa metafora.

    1. ....   3. ....   5. ....

    2. ....   4. ....   6. ....

6. Quali sono i punti in comune tra i contadini della Francia medievale malati di scrofola, una malattia della pelle, e i cittadini che si affidano alla raccomandazione (capoverso 2)?

    ....

7. Che cosa significa 'in quanto' nel passo seguente (capoverso 2)?

    ... Un sovrano – come tutti i potenti di ogni epoca e grado – è sempre rivestito da un ruolo taumaturgico, demiurgico. Lo è **in quanto** influisce sullo svolgersi di cose misteriosamente celate – agli occhi dei più – nel loro originarsi e svolgersi ...

    a. nonostante che
    b. poiché
    c. cosicché

8. Completate la frase, basandovi sulle informazioni contenute nel capoverso 2.

    Per i cittadini italiani ci sono molti misteri, come ...., ... e ....

9. Accoppiate le espressioni sottoelencate (capoversi 2-4).

    a. essere dotati   1. un rito magico
    b. affidarsi   2. dalle sofferenze
    c. essere sanati   3. alla raccomandazione
    d. basarsi   4. uno studio etnografico
    e. condurre   5. su delle testimonianze
    f. compiere   6. di qualche influenza

10. Zinn, autrice di *La raccomandazione. Clientelismo vecchio e nuovo*, considera la pratica della raccomandazione come un vero e proprio 'ciclo di vita'. Completate la tabella fornendo uno o due esempi per ciascuna delle tappe di questo ciclo di vita (capoversi 4-5).

Avvenimento	Esempio
a. nascita	
b. carriera scolastica	
c. servizio militare	
d. lavoro	
e. viaggi all'estero	
f. morte	

11. Spiegate il significato di questi termini. Potete usare il dizionario.

a. tangente (capoverso 6): ....

b. clientelismo (capoverso 5): ....

12. Secondo la Zinn l'uso della spintarella può svilupparsi in verticale e in orizzontale. In che cosa consiste questa direzione 'verticale' e 'orizzontale'?

....

13. Leggete l'ultimo capoverso. Qual è la frase che riassume meglio la conclusione della Zinn?

a. La raccomandazione esiste nel Nord, nel Centro e nel Sud.
b. L'arte di arrangiarsi è una qualità tipicamente italiana.   ✓
c. La raccomandazione ha come risultato l'esistenza di un sistema di gerarchie immeritevoli.

14. Completate le seguenti frasi inserendo l'espressione giusta.

via via che • oltre a • ovviamente • ovvero • comunque

a. La raccomandazione, ... la si vuole mettere, è sempre stata intesa come un procedere.

b. .... una forma particolare di relazione sociale, la raccomandazione è una specie di rito magico.

c. .... che si avanza negli anni la raccomandazione fronteggia altri problemi essenziali.

d. Il fatto di avere un 'aggancio' aiuta .... a sistemare le pratiche dell'eredità.

e. Il saggio della Zinn mette in rilievo gli aspetti negativi dell'arte di arrangiarsi, ... la nascita di gerarchie immeritevoli.

15. Cercate su un catalogo, su internet o su altre fonti alcuni titoli di studi che vi sembrano interessanti sul fenomeno del clientelismo in Italia.

8. Comunicazione? Non vale un tubo

Il nuovo libro di Maurizio Ferraris Una Ikea di università, *recensito sulla rivista letteraria l'Indice, mette in discussione alcuni sviluppi recenti verificatisi all'interno delle università italiane. Ferraris insegna filosofia teorica a Torino. Il suo libro si inserisce nel dibattito in corso sulla posizione e sulla crisi dell'università nella società odierna. Il dibattito è stato aperto da alcuni interventi di Raffaele Simone, professore di Linguistica presso l'Università 'Roma Tre'.*

Comunicazione?

non vale un tubo

di mc

Maurizio Ferraris
UNA IKEA DI UNIVERSITÀ
pp. 118
Cortina, Milano 2001

Maurizio Ferraris

MINIMA

Una
ikea
di università

Raffaello Cortina Editore

1. Scorrete i titoli. Che cosa vuol dire secondo voi il titolo del libro di Ferraris, *Una Ikea di università*?

   ....

   ....

2. Che cosa significa l'espressione 'non vale un tubo'? Usate il dizionario, se necessario.

   ....

   ....

1 Da quando la superficie delle acque universitarie è stata disturbata dalle pietre irriverenti di Raffaele Simone, e poi il dibattito sulle scelte dei governi ha coinvolto più decisamente il mondo dell'accademia, non sono mancate le incursioni polemiche sulla crisi di un'istituzione che è fondamentale per lo sviluppo del sistema-paese, cioè sul complesso delle realtà culturali, economiche e politiche che fanno la storia d'una società. E che il dibattito sia andato ben in avanti lo può confermare il fatto che la sottolineatura di quel rapporto con il sistema-paese appare oggi noiosamente pleonastica a chiunque stia leggendo queste righe, mentre soltanto alcuni anni fa sarebbe stata ancora considerata come un'interessante apertura del vecchio mondo professorale.

2 Il libro di Ferraris, che insegna filosofia teoretica a Torino e dirige la "Rivista di estetica", si muove dunque su un terreno dove già altri hanno tracciato itinerari interessanti di ricerca e di proposizione. Ma riesce ugualmente a guadagnarsi una sua autonomia d'intervento per l'originalità dell'impianto concettuale e per il taglio caustico, spesso beffardamente provocatorio, con cui sottolinea la sua linea critica. A dirla in poche parole, Ferraris ce l'ha a morte con quella che lui chiama la "neouniversità", che gli pare essere il nuovo, pericoloso, indirizzo che sta prendendo l'istituzione accademica, ora che certe tendenze decisamente applicative – e di sostanziale subordinazione ai venti del mercato – stanno trovando spazio negli insegnamenti dei corsi di laurea (a danno, sostiene lui, di quel rigore d'elaborazione teorica che dovrebbe invece contraddistinguere ogni studio dei principi d'una disciplina). E in questo suo affondo contro una deriva ampiamente percebile in tutte le Facoltà, prende a modello esemplare il Corso di scienze della comunicazione, contro il quale va giù senza perdoni, nel convincimento dichiarato che la Comunicazione sia soltanto "una tecnica, rispettabile quanto si vuole, ma che non vale un tubo (tecnologicamente parlando) senza la scienza"; ovviamente, di "scienza", in questa disciplina, lui non ne vede nemmeno l'ombra. Aggiunge poi: "E non parlo solo di Scienze della comunicazione. Esistono anche le scienze dell'ospitalità e tante altre specialità inventate dall'industriosità umana".

3 Il volume è molto divertente, com'è giusto che sia un pamphlet. E anche molto umorale, come ai pamphlet è permesso. Solo che alla fine se ne ricava l'impressione che Ferraris smarrisca presto la bussola del suo viaggio critico e vaghi con troppo furore, troppa sufficienza, e troppa presunzione, in un territorio dove gli attila scatenati possono anche ricavare soddisfazione personale dalla propria intelligenza distruttiva ma non danno un gran contributo alle tesi che dicono di voler dimostrare. Comunque, chi di università si interessa cerchi di leggere questo libretto: gli verrà magari il mal di pancia, ma qualche ripensamento e qualche riflessione sarà pur costretto a farli.

---

3. Che cosa si intende con il 'sistema-paese' e perché si dice che 'la sottolineatura del rapporto dell'università con il sistema-paese appare oggi noiosamente pleonastica' (capoverso 1)?

....

4. Quali sono le obiezioni di Ferraris alla 'neouniversità'? Indicate l'argomento che non viene portato da Ferraris (capoverso 2).

a. Certe tendenze applicative trovano sempre più spazio nei corsi di laurea.
b. C'è una maggiore influenza del mercato sui programma di insegnamento.
c. L'accesso all'università è diventato troppo facile.
d. È diminuito il rigore di elaborazione teorica dello studio.
e. Certi corsi di laurea con la scienza non c'entrano proprio niente.

5. In questo articolo si possono individuare alcune espressioni metaforiche basate su elementi ambientali (terra, acqua, ecc.). Ne potete citare alcune?

1. *La superficie delle acque universitarie è stata disturbata dalle pietrate di Raffaele Simone.*

2. ....

3. ....

4. ....

6. Chi era Attila? Consultate internet o un'enciclopedia. Chi saranno secondo voi 'gli attila scatenati'?

....

7. Cercate su un dizionario il significato di:

a. a dirla in poche parole (capoverso 2): ....

b. ce l'ha a morte con quella 'neouniversità' (capoverso 2): ....

c. andare giù senza perdoni (capoverso 2): ....

d. smarrire la bussola (capoverso 3): ....

8. Nell'articolo compaiono molti termini accademici. Combinate le espressioni sinonimiche sottostanti.

a. il mondo dell'accademia	1. l'insieme delle idee
b. una sua autonomia d'intervento	2. analisi e approccio teorico
c. l'impianto concettuale	3. con la convinzione esplicitata
d. elaborazione teorica	4. il mondo delle università
e. nel convincimento dichiarato	5. un contributo originale alla discussione

9. Come è definito il tono del volume di Ferraris in questa recensione? Secondo voi è piaciuto al recensore? Fate alcuni esempi.

   1. *Il taglio caustico beffardamente provocatorio* ....

   2. ....

   3. ....

   4. ....

   5. ....

10. Maurizio Ferraris dirige la *Rivista di estetica*. Cercate su un catalogo online, in base ai vostri interessi, alcuni titoli di riviste italiane dedicate a una disciplina a scelta (sociologia, psicologia, letteratura, medicina, ecc.).

TELEVISIONE, CINEMA E FOTOGRAFIA

LETTURE IN CORSO 2

9. Il giorno in cui nacque il reportage

10. Ischia e Capri, faraglioni esotici

11. Momo alla conquista del tempo

12. Le zanzare

13. Nonni catturati dalla rete di internet

14. Vittorio De Seta torna sul set

15. I neo-buffoni e la televisione

16. Il partigiano Johnny

⬦ 9. Il giorno in cui nacque il reportage

In questo articolo di Mimmo Frassineti apparso sul Venerdì *del giornale* la Repubblica, *si parla delle fotografie che Stefano Lecchi fece nel giugno del 1849 sulla caduta di Roma. La Repubblica Romana (febbraio-luglio 1849), fondata da un'assemblea rivoluzionaria e guidata da Giuseppe Mazzini, ebbe vita breve. Venne attaccata dalle grandi potenze, l'Austria e la Francia, e fu occupata dalle truppe francesi il 3 luglio 1849. Le foto di Stefano Lecchi sono state ritrovate solo di recente.*

storie IN DIRETTA DAL PASSATO

1849, fuga da Roma
Il giorno in cui nacque il **reportage**

L'assedio dei francesi, la difesa dei patrioti, la caduta della Repubblica... Così la cronaca di una sconfitta regala all'Italia, dopo un secolo e mezzo, un primato a sorpresa / testo e fotografie di **Mimmo Frassineti**

1 Il ritrovamento avvenne per caso. Qualche scatola nascosta all'ultimo piano di una veranda, nella Biblioteca di storia moderna e contemporanea, a Roma. Dentro, poche pellicole destinate a cambiare la storia, quantomeno quella del reportage. Certo il nome dell'autore non dirà nulla neppure agli appassionati più informati di fotografia. Eppure è proprio da lui, da Stefano Lecchi, che bisogna partire, tornando indietro a un secolo e mezzo fa.

2 Lecchi, dunque: chi era costui? Un testimone. Un testimone oculare. L'uomo che vide e documentò le giornate, gloriose, della difesa di Roma dall'assedio francese nel 1849. Ponte Milvio, Villa Sciarra, il casino dei Quattro Venti a Villa Pamphili: la storia di quei giorni rivive nei documenti ingialliti. Soltanto qualche anno dopo arrivarono i lavori dell'inglese Roger Fenton, che finora nella storia della fotografia veniva considerato il precursore del reportage di guerra. E che, invece, fu battuto sul tempo da questo sconosciutissimo italiano.

3 La fotografia ai suoi primordi, incapace com'è di fermare il movimento, sembrava del tutto inadeguata a raccontare la guerra. Mentre la pittura poteva dispiegare battaglioni, città in fiamme, cariche di cavalleria, ai fotografi degli inizi tutto questo era precluso. E tuttavia, pur sapendo dei loro limiti, questi pionieri si presentavano con i loro ingombranti apparecchi sui campi di battaglia, consapevoli della forza del nuovo mezzo espressivo, a documentare, se non altro, barricate e rovine. Nel 1855, appunto, l'inglese Roger Fenton, inviato del *Times* in Crimea per conto del governo, firma il primo reportage fotografico di guerra della storia. Una guerra ricostruita mettendo in posa le comparse. Non è una scelta d'autore: Fenton ha ricevuto l'incarico di compiacere l'opinione pubblica britannica con una rappresentazione idealizzante della campagna militare, e a questo si attiene.

4 La scelta di Lecchi era stata diversa. Il suo «reportage» documenta, appunto, la difesa della Repubblica Romana dall'assedio dei Francesi chiamati da Pio IX nel 1849. C'è pure una serie di litografie, le «Ruine di Roma dopo l'assedio del 1849», che ricalcano le stesse inquadrature. Per tutte queste ragioni gli studiosi sono sempre stati convinti che un cospicuo numero di originali di Lecchi dovesse essere nascosto da qualche parte. E infatti. «Ero certa della loro esistenza», dice la storica della fotografia Marina Miraglia. «Poiché le riproduzioni si trovavano nel Museo del Risorgimento, presumevo che in qualche meandro dello stesso Museo giacessero gli originali. Li cercai per anni senza risultato. Nel '97 conducevo il primo anno di un corso per restauratori e conservatori della fotografia. Mi occorrevano fotografie non particolarmente pregiate per esercitazioni di pulitura. Così visitai, tra le altre istituzioni, la Biblioteca di storia moderna e contemporanea di Roma. Mi fecero esaminare delle scatole conservate in una veranda all'ultimo piano del palazzo. Da una saltano fuori queste immagini, tutte insieme, un po' arrotolate. Le riconosco subito, poiché alcune le avevo viste nelle riproduzioni. Altre invece erano del tutto nuove. In tutto, 41 "carte salate" (si chiama calotipo il negativo, carta salata il positivo), numero enorme, per l'epoca, e molte di più di quante mi fossi mai aspettata di trovarne».

5 Quasi contemporaneamente un'altra studiosa, Silvia Paoli, rinviene, presso la Civica raccolta Bertarelli di Milano altre venti carte salate di Lecchi, otto delle quali raffigurano monumenti e piazze di Roma, e dodici le rovine dopo gli scontri tra i garibaldini e i francesi nel giugno 1849, che costrinsero i patrioti alla fuga. Giusto il tempo di restaurarli, e questi materiali vengono pubblicati, quest'anno, dalla Biblioteca di storia moderna e contemporanea, in un catalogo curato da Maria Pia Critelli. Così la figura di Lecchi emerge come quella di un precursore e, con buona pace di Roger Fenton, le storie della fotografia si dovranno aggiornare.

6 La Repubblica romana fu proclamata il 9 febbraio 1849 dopo la fuga di Pio IX, dopo una manifestazione popolare guidata da Angelo Brunetti, detto Ciceruacchio. La guida della Repubblica fu assunta da un triumvirato composto da Giuseppe Mazzini, Carlo Armellini e Aurelio Saffi.

Molti di questi eventi Stefano Lecchi li documentò con il suo obiettivo. Ma proprio per la sua fede politica, preferì ritrarre gli eroi di tutti i giorni, quelli che la storia spesso dimentica.

7 A Roma arrivarono molti combattenti come Luciano Manara, Emilio Morosini, Nino Bixio e Goffredo Mameli. E anche Giuseppe Garibaldi, che prese il comando delle truppe. I francesi, sbarcati a Civitavecchia, furono respinti a Porta San Pancrazio. La Repubblica resistette fino al 30 giugno. «Le immagini di Lecchi», spiega oggi Maria Pia Critelli, «costituiscono un *corpus* unico non solo per la tecnica, ma anche perché la maggior parte di esse (39 su 41) è legata a episodi di combattimento che consentono una lettura puntuale dell'evolversi delle linee di difesa, organizzate strategicamente sul territorio ma sempre più ristrette». Critelli ha individuato, con poche eccezioni, tutti gli edifici rappresentati nelle fotografie. Molti non esistono più, come il Casino dei Quattro Venti, all'ingresso di Villa Pamphili, in luogo del quale sorge l'Arco di Busiri Vici, o Villa Valentini, o Porta San Pancrazio ricostruita per intero in altre forme. Si è salvata Villa Savorelli, quartier generale di Garibaldi, oggi Villa Aurelia. Altri sono semplici casali, come i due sulla via Vitellia, uno dei quali è oggi in rovina, mentre l'altro è diventato un ristorante.

MIMMO FRASSINETI ■

Ieri e oggi
Qui accanto immagini di ieri e di oggi a confronto. A sinistra le foto di Stefano Lecchi, tutte databili intorno al 1849, anno della difesa della Repubblica romana dai francesi. Dall'alto, il casino Barberini a villa Sciarra e Porta San Giovanni

1. Cercate delle informazioni su Giuseppe Mazzini e Giuseppe Garibaldi. Potete consultare un'enciclopedia o internet. Indicate poi con una crocetta quali affermazioni sono vere e quali sono false.

	vero	falso
a. Giuseppe Mazzini fu uomo politico che aspirava alla fondazione di una repubblica nazionale italiana.	✓	○
b. Giuseppe Mazzini diresse la difesa della repubblica romana. *(genovese)*	○	✓
c. Giuseppe Garibaldi nacque a Genova nel 1807. *X NICE NIZZARDO*	○	✓
d. Giuseppe Garibaldi organizzò la spedizione dei Mille per liberare Roma. *?* *1860* *il regno delle due Sicilie*	✓	✓

2. Rileggete il capoverso 3. Perché la fotografia inizialmente pareva meno adatta della pittura a raccontare la guerra?

catturare
~~incapace com'è di fermare il movimento~~, *ingombranti apparecchi*

3. Sia il lavoro di Lecchi che quello del fotografo inglese Roger Fenton presenta un reportage di guerra. I due reportage sono tuttavia diversi sotto più aspetti. Rileggete i capoversi 2, 3 e 4 e riempite lo schema indicando le caratteristiche che distinguono questi fotografi e il loro lavoro.

	Il reportage di Lecchi	Il reportage di Fenton
Soggetto	*ROMA* a. documenta la difesa della Repubblica	*CRIMEA* e. rappresentazione idealizzante
Ruolo del fotografo	b. un testimone oculare	f. compiacere l'opinione pubblica britannica
Ha fotografato...	c. le giornate gloriose della difesa, barricate e rovine	g. una guerra ricostruita
Obiettivi artistici del fotografo	d.	h. ---- ... della campagna militare

4. La storica della fotografia Marina Miraglia racconta il ritrovamento delle fotografie di Lecchi. Riguardate il capoverso 4 e ricostruite la storia della scoperta delle fotografie riordinando i passi sottostanti in ordine cronologico.

4 a. Per il suo corso la storica ha bisogno di fotografie da restaurare per far esercitare i suoi studenti.

6 b. Ritrova 41 'carte salate', molte più di quanto si aspettasse di trovarne.

5 c. Visita la Biblioteca di storia moderna e contemporanea di Roma.

3 d. Nel 1997 Marina Miraglia cura il primo anno di un corso per restauratori e conservatori della fotografia.

2 e. Marina Miraglia cerca per anni senza risultato le foto nel Museo del Risorgimento.

1 f. Dato che esiste una serie di litografie della caduta della Repubblica Romana, Marina Miraglia era certa che esistessero anche le foto originali.

Ordine esatto: .....f...e...d....a..c..b...........

5. Che cosa si vede sulle venti foto ritrovate da un'altra studiosa, Silvia Paoli (capoverso 5)?

8 - monumenti e piazze di Roma ; 12 - le rovine dopo gli scontri

6. Vero o falso? (capoversi 6 e 7).

	vero	falso
a. La Repubblica Romana fu proclamata da Pio IX.	○	✓
b. Ciceruacchio fu il soprannome dato al capo del popolo romano.	✓	○
c. La Repubblica fu governata da tre persone.	✓	○
d. Fra i combattenti ci fu anche Giuseppe Garibaldi.	✓	○
e. I francesi entrarono per Porta San Pancrazio.	○	✓
f. La Repubblica cadde il 30 giugno.	✓	○

7. La studiosa Maria Pia Critelli ha curato il catalogo per la mostra delle fotografie di Lecchi. Ha individuato molti edifici rappresentati nelle fotografie. Quali edifici sono scomparsi (S), quali sono stati trasformati (T) e quali sono rimasti (R)?

	S	T	R
a. il Casino dei Quattro Venti	☑	○	○
b. Villa Valentini	○	☑	○
c. Porta San Pancrazio	○	☑	○
d. Villa Savorelli	○	○	☑
e. i due casali di via Vitellia	☑	☑	○

match

undertakings

8. In questo testo appaiono diverse parole relative alle imprese militari. Cercatene almeno cinque.

1. **assedio** *siege*   difesa   commando / eroi di tutti i giorni
2. barricata   linea di difesa   rovine / fuga
3. scontri   combattimento
4. campi di battaglia   campagna militare
5. battaglioni   truppe

9. 'Lecchi, dunque: chi era costui?' Cercate il significato di 'costui' e le altre due forme esistenti di questo pronome su una grammatica o un dizionario.

lui
egli
quello (tipo)

collui
colloro
f costei ?
p costore

10. Ischia e Capri, faraglioni esotici

Questo articolo di Aldo Piro è apparso su Arrivederci, *la rivista mensile di bordo dell'Alitalia. In esso si ricorda un periodo della storia del cinema italiano in cui molti film furono girati sulle isole di Ischia e Capri.*

1. **a.** Cercate le isole di Capri e di Ischia su un atlante o su internet. Qual è l'isola più grande? E quale delle due isole ha più abitanti?

    b. Consultate un dizionario per il significato di 'faraglioni'.

    tre grande scogli/massi nel costa di Capri che chiamano Stella Mezzo Scapolo

FARAGLIONI ESOTICI STUDIOS

Capri e Ischia? Vecchi amori del cinema. Jack Lemmon, Boris Karloff, Burt Lancaster, Alain Delon, per non parlare di Totò, Sophia Loren, Vittorio De Sica hanno recitato in decine di film girati sulle due isole. Che prestavano le loro cornici da sogno per storie dove la natura (e l'amore) vincono su tutto. Almeno prima del turismo di massa...

1   Capri, Ischia: bastano i nomi soltanto a suscitare emozioni, ricordi, immagini. Poteva il cinema resistere a tanto fascino? E, infatti, non ha resistito.

2   Sono molti i film che, oltre ad esservi ambientati, hanno Capri o Ischia fin nel titolo, a partire da una delle prime pellicole mute, che risale addirittura al 1903: *Turisti atterrano nell'isola di Capri*. Un titolo strano - in un'isola non si atterra, si sbarca - ma che coglie la vocazione turistica di questo splendido luogo.

3   A ripercorrere con la memoria e con la fantasia il cinema che ha dichiarato amore alle due isole, un fatto colpisce. Capri è più presente nei titoli: *I pirati di Capri, L'imperatore di Capri, Bellezze a Capri, Avventure a Capri, Ci sposeremo a Capri*; ma è ad Ischia che sono stati ambientati più film, a volte tacendo che si trattava di Ischia, camuffandola addirittura da isola esotica. Il caso più clamoroso è quello de *Il corsaro dell'isola verde* di Robert Siodmak, con un atletico Burt Lancaster le cui acrobazie sono ancora nella memoria dei vecchi ischitani.

4   C'è un motivo per questa disparità di trattamento? Forse c'è. Capri è talmente precisa nei suoi luoghi - i faraglioni sono quei faraglioni e basta - che sarebbe impossibile usarla per un'altra ambientazione. Come si potrebbe nascondere che Capri è Capri quando Nino D'Angelo abbraccia la sua fidanzatina davanti a un faraglione in *Un jeans e una maglietta*? Ischia si presta invece a un uso disinvolto, dal momento che è più vasta e più facili sono gli spostamenti interni: e infatti, oltre ad essere stata "l'isola verde" del corsaro Lancaster, è stata la tana di Boris Karloff nel *Mostro dell'isola* e il rifugio di Steve Reeves in *Morgan il pirata*.

5   Isola verde: un luogo comune che, come quasi tutti i luoghi comuni, corrisponde al vero. L'approccio del cinema a Capri ed Ischia è pieno di luoghi comuni: di "verità" dunque, magari non cronachistiche, ma che comunque testimoniano di quello che le due isole rappresentano per gli spettatori di tutto il mondo.

6   Prendiamo alcune storie tipo.

Una coppia di sposi in crisi torna a Capri, scenario del loro primo incontro. A contatto con le bellezze naturalistiche del luogo, l'amore rinasce.

Oppure: un uomo d'affari è costretto a raggiungere Ischia perché suo padre è morto all'improvviso in vacanza. Scopre che l'uomo nell'isola ha coltivato una vecchia fiamma. Stimolato da sole, cielo e mare, si darà da fare anche lui.

7   Ancora: tutto ciò che l'aveva affascinato da giovane, irrita un ex ufficiale americano tornato a Capri quindici anni dopo. Ma poi si lascerà conquistare dal luogo e dai suoi abitanti.

8   Si tratta di storie raccontate in tre film molto diversi tra loro: *Capriccio* di Tinto Brass, tratto dal romanzo *Lettere da Capri* di Mario Soldati, *Che cosa è successo tra mio padre e tua madre*, un capolavoro di Billy Wilder con Jack Lemmon, e l'onesto *La baia di Napoli* con Clark Gable e Sophia Loren. Storie che hanno almeno due cose in comune. La prima è la natura incontaminata, la semplicità, la dolcezza del vivere di questi luoghi contrapposte alle sovrastrutture, alle nevrosi, alla difficoltà di vivere altrove. La seconda veniva preannunciata già in quel vecchio film muto: *Turisti atterrano nell'isola di Capri*. I protagonisti infatti arrivano sempre da fuori, non sono mai isolani. Arrivano da un altro pianeta e "atterrano" a Ischia o Capri. Agli abitanti delle isole sembrano "alieni": irritabili, diffidenti, incapaci di godersi la vita. Ma la sensazione è reciproca.

9   Prendiamo Jack Lemmon nel film di Billy Wilder: è venuto a Ischia per seppellire il padre, ha fretta, gli affari lo aspettano. Eppure sull'isola tutto si ferma per il sonnellino pomeridiano, i vestiti del morto non sono quelli, il cadavere viene rapito e ottenere un timbro negli uffici pubblici è un'impresa estenuante. Gli ischitani se la godono, e questo irrita profondamente Jack Lemmon. Il quale però, anche per effetto di canzoni come *Un'ora sola ti vorrei* o *Senza fine* - per gli americani tutto ciò che è italiano è per se stesso napoletano - capisce che il padre non aveva tutti i torti nel coltivare una lunga storia d'amore estiva a Ischia con la scusa di cure termali, e decide che anche lui ogni estate passerà le acque.

❝❝ I personaggi protagonisti dei film girati qui vengono sempre da fuori, non sono mai isolani

10   Si adegua ai costumi isolani anche l'indimenticabile Totò de *L'imperatore di Capri* (di Luigi Comencini) e di *Totò a colori* (di Steno). Inseguendo una fatale avventuriera nel primo film e l'editore musicale Tiscordi nel secondo, Totò si ritrova in una Capri popolata da personaggi come Dodo della Baggina, Pupetto Turacciolo, Bubi di Primaporta, pittori d'avanguardia e signorine snob. Sono anch'essi "oriundi" rispetto agli isolani, ma questi sono gli unici abitanti dell'isola incontrati. E Totò che fa? Si adegua. Di Capri diventa addirittura "l'imperatore".

11   A volte gli "alieni" vengono a Capri o Ischia per frequentare soltanto altri "alieni": è il caso del bellissimo giallo *Delitto in pieno sole* di René Clement con Alain Delon, tratto dal romanzo di Patricia Highsmith da cui è stato ricavato anche il recente *Il talento di Mr Ripley*. A Delon e a Matt Damon, protagonista del secondo film, interessano soprattutto i loro compatrioti. Di Ischia più i paesaggi che gli ischitani, se si eccettua qualche momento di Matt Damon con Fiorello per cantare *Tu vuo' fa' l'americano*.

12   Se Capri e Ischia sono per il cinema internazionale isole essenzialmente turistiche, non c'è da lamentarsene. Oltre tutto la tradizione è antica, e nel secolo scorso nelle due isole, dialetto a parte, si sentiva parlare più inglese e tedesco che italiano. (A proposito di lingua tedesca, come sarà mai *Sissi a Ischia*, il film meno visto della saga della principessa Sissi con Romy Schneider?)

13   E il cinema italiano? Il cinema italiano appunto si è occupato di Capri e Ischia quando ancora erano isole esotiche, e Vittorio De Sica vi si aggirava vestito di bianco con il panama (*Vacanze a Ischia* di Mario Camerini, 1957), Tina Pica faceva incontri galanti sul traghetto (*Ci sposeremo a Capri* di Siro Marcellini, 1956), Domenico Modugno e Mina si davano *Appuntamento a Ischia* (di Mario Mattoli, 1960).

14   Oggi che sono state raggiunte dal turismo di massa, il cinema italiano un po' le trascura. Ma non c'è da lamentarsene: le trascura perché ormai familiari. D'altra parte, quale film recente, ambientato a Roma, farebbe vedere San Pietro?

Aldo Piro

➤ da Arrivederci, anno XII, n.140, Alitalia, ottobre 2001

2.   Leggete i primi tre capoversi e indicate quali affermazioni sono vere e quali false.

	vero	falso
a. A Capri sono stati ambientati più film che a Ischia.	○	✓
b. Capri è più presente nei titoli dei film di Ischia.	✓	○
c. *Il corsaro dell'isola verde* è un film di memorie ischitane.	○	✓
e. Ischia è adatta per ambientazioni esotiche.	✓	○

3.   Rileggete il quarto capoverso e completate.

a. Capri ha un aspetto tanto riconoscibile che non si presta a ...*usarla per un'altra ambientazione*...

b. Ischia è più vasta e permette ....1...

4. Consultate i capoversi 6-11. Come è intitolato il film in cui si racconta...

Titolo

a. Due sposi tornano a Capri e qui il loro amore rinasce. *.........Capriccio.....................*

b. Un uomo d'affari giunge a Ischia dove suo padre è morto mentre trascorreva le vacanze. *...Che cosa è successo tra mio padre e tua madre*

c. Dopo quindici anni un americano torna a Capri. *........La baia di Napoli...*

d. Totò diventa l'imperatore di Capri. *....L'imperatore di Capri.......*

e. Matt Damon canta con Fiorello *Tu vuo' fa' l'americano*. *.....Il talento di Mr Ripley*

f. Vittorio De Sica va in giro vestito di bianco con il panama. *......Vacanze a Ischia......*

5. Perché i protagonisti di molti film girati su queste due isole vengono chiamati 'alieni'?

...Vengono sempre da fuori, non sono mai isolani..................

6. Quali delle parole che seguono si riferiscono al cinema?

a. ambientare ✓   e. bellezze naturalistiche

b. la pellicola ✓   f. cielo e mare

c. il rifugio   g. girare ✓

d. spettatori ✓

neglects.

7. Spiegate la frase del capoverso finale: 'Ma non c'è da lamentarsene: (il cinema italiano) le trascura perché ormai familiari'.

...Quando qualsiasi porta e diventata così familiare, sarà un rischio che gli spettatori la vedranno semplicemente comme una vista o un frase fatta, comme l'esempio - San Pietro per Roma.

⬧ 11. Momo alla conquista del tempo

Sul sito di Stradanove dedicato al cinema italiano viene presentato il cartone animato di Enzo d'Alò, intitolato Momo alla conquista del tempo, *basato sull'omonimo romanzo dello scrittore tedesco Michael Ende. Enzo d'Alò si è affermato negli ultimi anni come regista di film d'animazione. Alla recensione segue un'intervista di Calogero Messina con Enzo d'Alò.*

1 Ad Enzo D'Alò si deve sicuramente la rinascita dell'animazione in Italia. Prima con "La freccia azzurra", il capolavoro del 1996 con le musiche di Paolo Conte, e successivamente nel 1988 con il successo de "La Gabbianella e il Gatto", Enzo D'Alò ha dato un enorme scossone all'addormentato mondo dell'animazione italiana, che da quelle date ha comincia-to a riprendere la sua attività a pieno ritmo.

2 E il Natale 2001 ci presenta il nuovo ed atteso film di animazione di Enzo d'Alò: "Momo. Alla conquista del Tempo". Tratto dal romanzo omonimo dello scrittore tedesco Michael Ende, l'autore de "La storia Infinita", la pellicola racconta la storia della dolce e timida bambina Momo e delle sue incredibili avventure per sconfiggere i Signori Grigi, una banda di diabolici esseri che ha lo scopo di rubare il tempo agli uomini.

3 Coraggiosa e azzeccata la scelta di affidare il commento sonoro di questa "parabola" sul valore del tempo, che se speso male ci allontana dai veri valori della vita, alla musica rock di Gianna Nannini, che bene ha saputo cogliere l'atmosfera magica e sospesa del film creando suoni e parole (con il contributo della scrittrice "maledetta" Isabella Santacroce) che non si limitano a fare da sottofondo alla storia ma ne esaltano gli stati d'animo. Così come le voci di Giancarlo Giannini, Sergio Rubini, Neri Marcoré e della piccola Erica Necci regalano ulteriori emozioni alla storia della piccola Momo, che da crisalide introversa e timida si trasforma in una farfalla eroica e combattiva. *(c.m.)*

➦ da www.stradanove.net

1. Quanti film d'animazione ha fatto Enzo d'Alò e quali?

   La freccia azzurra 1996

   La Gabbianella e il Gatto 1988
   Momo. Alla conquista del Tempo 2001

2. Il film viene definito una parabola sul valore del tempo. Indicate quale affermazione corrisponde meglio al messaggio del film.

   a. Il tempo è prezioso e va usato bene.
   b. Se il tempo è usato male, ciò va a scapito dei veri valori della vita.
 ? c. Il tempo va usato bene, se si vogliono difendere i veri valori della vita.

3. a. Qual è stato il contributo di Gianna Nannini al film?

   ...... *La Musica rock* ....

   b. E quale quello della scrittrice Isabella Santacroce?

   ...... *Il contributo alle parole* ....

4. Completate ora la scheda del film.

   a. titolo
   Momo alla conquista del Tempo

   b. regista
   Enzo d'Alò

   c. data
   2001

   d. protagonista
   Momo

   e. tema
   La incredibile aventure della bambina Momo (per sconbeggere i Signori Grigi)

   f. storia in breve
   Momo a sconfitto i Signore   tempo agli uomini.

5. A quale parola si riferisce la particella *ne* in '..., ma **ne** esaltano gli stati d'animo' (capoverso 3)?

   ...... *i suoni e parole* × *la storia* ....

6. Spiegate con un sinonimo, con una parafrasi o con un'espressione equivalente nella vostra madre-lingua il significato delle parole in neretto:

   a. il romanzo **omonimo**

   ...... *della stesso nome* ....

[handwritten note top right:] Lezioni in Corso Italian 52 -54 + Exercises up to RX 6 incl for 8th Dec

b. una scelta coraggiosa e **azzeccata**

.... *straordinaria / che colpisce* ....

c. l'atmosfera magica e **sospesa**

.... *ansiosa / apprensiva* ....

d. una **crisalide** introversa e timida

.... *una bambina non sviluppata / maturata* ....

7. Questo è il testo dell'intervista con Enzo d'Alò. L'intervista non è completa, perché mancano le domande. Formulate le quattro domande a cui Enzo d'Alò risponde.

a. *Era necessario fare delle modifiche (nella) quando faceva (della libro) tradurre del libro al film*

b. *E questo film una metafore per la vita di oggi*

c. *E un film emozionante*

d. *Come d deciso sugli attore per le voce delle personaggio varietti*

Intervista all'autore di "Momo alla conquista del tempo"

Era da tempo che il regista Enzo D'Alò sognava di fare un film sulla piccola Momo, ed oggi il suo sogno si è concretizzato. Felice del lavoro fatto, ci racconta il dietro le quinte di un film d'animazione che ha richiesto più di tre anni per la sua realizzazione.

1 ENZO D'ALÒ Le modifiche sono sempre necessarie, ma ho cercato di non tradire lo spirito del film e credo di esserci riuscito, se anche gli eredi di Ende sono rimasti soddisfatti del risultato. Il 3 Gennaio il film esce in Germania, e sono molto orgoglioso che sarà distribuito anche in Giappone: amo molto il loro lavoro nel campo dell'animazione. La sfida rispetto al libro è stata quella di raccontare l'incalzare del tempo senza l'uso di troppe parole, affidandomi per esempio all'uso della musica... così come di ridur-

re la verbosità di Mastro Hora, che nel libro esprime concetti molto profondi, ma che io invece ho cercato di alleggerire. È invece presente la forte metafora dei Signori Grigi, gli esseri che succhiano il tempo degli uomini senza il quale non possono vivere...

2 ENZO D'ALÒ Io lavoro per metafore, voglio evitare i riferimenti all'attualità: non volevo stigmatizzare il consumismo, ma volevo raccontare come per ogni bambino fosse importante essere diverso dagli altri... è il tentativo di omologare tutto e la perdita della creatività e della fantasia, che invece ci rende tutti uguali, a farmi realmente paura!

3 ENZO D'ALÒ Io ho intenzione di raccontare storie che emozionino me per primo. È questo l'unico varco che mi attende e non altri. Il pubblico si deve emozionare insieme a me, credere nei miei personaggi, e voglio che tutta l'équipe che lavora con

me creda fortemente in queste emozioni.

4 ENZO D'ALÒ Per cercare di sdrammatizzare e rendere meno retorico il personaggio di Mastro Horus ho scelto Diego Abatantuono, che è riuscito a rendere scanzonato e giocherellone il suo personaggio. Dopo Dario Fo e Antonio Albanese, che avevano doppiato i cattivi nei miei precedenti film, sono felicissimo che Giancarlo

Giannini abbia accettato di doppiare il Presidente dei Signori Grigi: la sua versatile voce e le sue grandi doti hanno dipinto un personaggio che sa essere pauroso e ridicolo, autoritario e isterico allo stesso tempo. Così come Sergio Rubini, Neri Marcoré, Riccardo Rossi e la voce di Momo Erica Necci sono state tutte scelte per le emozioni che mi hanno saputo comunicare e che sono certo comunicheranno al pubblico.

da www.stradanove.net, Calogero Messina 23/12/2001

8. Quali sono le principali modifiche apportate da d'Alò alla storia del libro di Ende? Rileggete la prima risposta.

Ha cercato di alleggerire la veristà di Maestro Hora, che ... alleggire

9. Completate.

a. Il 3 gennaio il film ....*esce*.... in Germania.

b. Il film sarà ...*distribuito*... in Giappone.

10. Indicate a quale parte della frase si riferisce il passo finale della seconda risposta: '... a farmi realmente paura'.

i referimenti all'attualità / il consumismo

11. Completate parafrasando il testo della quarta risposta.

a. Diego Abatantuono ha fatto di Mastro Hora un personaggio *scanzonato e giocherellone*

b. Giancarlo Giannini ha reso il Presidente dei Signori Grigi come un personaggio *che sa essere*

12. Cercate su internet delle informazioni su uno o due degli attori nominati in questa intervista: Dario Fo, Antonio Albanese, Giancarlo Giannini, Diego Abatantuono.

12. Le zanzare

Sul sito di Diario, una rivista online, è stata pubblicata questa recensione di Inverno, *un film di Nina di Majo. L'autore della recensione è Marco Lodoli.*

1. Cercate su internet informazioni sulla regista Nina di Majo. Quali film ha fatto finora?

2. Leggete i primi due capoversi. Che cosa pensa Marco Lodoli del film di Nina di Majo? Sono possibili più risposte.

a. È un film realizzato bene. ✓
c. Gli spettatori se ne vanno prima della fine del film. ✓
b. Molti non lo sopporteranno. ✓
d. È preferibile ascoltare un brano di cool jazz. ✗

Le zanzare

di Marco Lodoli

La dilagante malattia di quegli intellettuali incapaci di vivere perché vittime di un'arte narcisista e sterile

L'inverno

Regia, soggetto e sceneggiatura: **Nina di Majo**

Fotografia: **Cesare Accetta**

Montaggio: **Giogiò Fanchini**

Musica: **Frame**

Scenografia: **Gianni Silvestri**

Costumi: **Grazia Colombini**

Interpreti:
**Valeria Bruni Tedeschi
Valeria Golino
Fabrizio Gifuni,
Yorgo Voyagis**

Prodotto da:
**Rai Cinema,
Dodici Dicembre**

Distribuzione: **Mikado**

Durata: **97'**

1 Dopo quindici minuti di *Inverno*, il nuovo film di Nina de Majo, viene voglia di alzarsi e di andare via, e qualcuno a dire il vero lo fa, bofonchiando nel buio insulti e maledizioni. Intendiamoci: si capisce subito che il film è realizzato bene, la regia è piena di invenzioni, controtempi e contropeli, morbida e spigolosa come un brano di cool jazz, e la fotografia è splendida, gli ambienti sono scelti in modo sorprendente, tanto che Roma sembra Milano, le musiche accompagnano le immagini con il ritmo giusto.

2 Niente da dire, anzi, si può affermare tranquillamente che *Inverno* è un film che rivela una nuova autrice del cinema italiano. Eppure il film ci comunica un disagio che sconfina nella repulsione, quasi nella ripugnanza, e capisco che molti non riescono a sopportarlo. del resto molta gente non ha sopportato un capolavoro come *Elephant man* o tanti altri buoni film che raccontavano storie di malati di cancro o di handicappati sbavanti e sofferenti. Il dolore svuota le sale, si sa. Qualcosa del genere accade anche con *Inverno*, perché i protagonisti di questa pellicola sono esseri umani che ci fanno sinceramente orrore, individui deformi che vorremmo precipitare da qualche rupe tarpea per non doverli incontrare mai più. E quale sarà mai il morbo ferocissimo che li ha deturpati e li rende inguaribili? Cos'è, un eczema mangiafaccia, una malattia che contorce le ossa, una piaga purulenta dove si abbeverano le mosche? Nulla di tutto ciò, nessuna crudeltà della natura. Ciò che li ha resi mostruosi è la cultura.

3 L'uomo del film è uno scrittore egocentrico, arido, scostante, un tipo che senza far nulla di aprticolarmente cattivo è del tutto spregevole. La sua donna è una gallerista d'arte d'avanguardia ed è una mezza pazza addoloratissima e votata per inconsapevolezza all'autodistruzione. La potenziale amante di lui, ma forse anche di lei, è un'accanita lettrice di romanzi, e sopravvive a stento dentro una nevrosi devastante. Abitano in loft americaneggianti, disegnati e arredati da qualche architetto alla moda, frequentano i locali giusti, le librerie più fornite, vedono gli spettacoli intellettuali e leggono le riviste e i giornali della sinistra più avanzata: e sono tre esseri umani immondi, persi in un deserto che loro hanno scelto e da cui non riescono più a fuggire.

4 Scrive Hermann Hesse in Demian: «Parliamo troppo. I discorsi intelligenti non hanno alcun valore. Ci allontanano solo da noi stessi». E aggiunge: «Eppure io volevo vivere solo quello che spontaneamente proveniva da me stesso. Perché mai era così difficile?». La cultura dovrebbe servire soprattutto a smantellare, ad alleggerire, a disimparare il peggio che ci offusca. Ai libri, ai film, ai quadri bisogna solo chiedere di aiutarci a essere più autentici e spontanei, di sciogliere ogni incrostazione che impedisce alla nostra energia di scorrere libera e chiara in una sfera più vasta. E invece gli ammorbati eroi di questo film, che ci sembra di aver già incontrato in qualche presentazione di libri o in un'anteprima cinematografica, sono avvolti nel rovo inestricabile di una cultura malvissuta, sono somarelli carichi di un sapere inutile, povere vittime di un'arte narcisista e sterile. È un'umanità terminale, che non sa più fare un gesto poetico e amoroso, che non ringrazia mai, che s'imbozzola e crepa dentro discorsi asfittici.

5 La casta intellettuale del nostro Paese, ben rappresentata da questi personaggi, sembra agonizzare in una clinica di lusso per malattie nervose, fuori dalla città, fuori dal mondo, in un luogo dove arrivano tutte le riviste e tutti i film, dove si dibatte a oltranza, ma dove non accade più niente di buono. Non credo che gli intellettuali possano salvare il pianeta, ma per lo meno devono provare a salvare se stessi, perché ogni uomo vivo e libero diventa automaticamente una fonte d'energia per chiunque gli sta accanto. Questi sciagurati, invece, ristagnano nella loro superba miseria: ed è un acquitrino da cui le zanzare si sollevano per diffondere la malaria.

da www.diario.it

3. I protagonisti del film fanno orrore perché:

	vero	falso
a. sono handicappati sbavanti e sofferenti	○	✓
b. sono deturpati da eczema	○	✓
d. hanno una malattia crudele	✓	○
e. sono resi mostruosi dalla cultura	✓	○

4. Ci sono tre protagonisti in questo film. Completate lo schema con i particolari relativi a ciascuno di loro. Basatevi sul terzo capoverso.

a. L'uomo	b. La donna	c. La potenziale amante
uno scrittore egocentrico, arido scostante, un tipo che cerca far nello di particolarmente cattivo e del tutto spregevole	una gallerista d'arte d'avanguardia. È una mezza pazza addoloratissima e votata per inconsapevolezza all' autodistruzione	di lui, et forse anche di lei, è un' accanita lettrice di romanzi, e sopravvive a stento dentro una nevrosi devastante.

Abitano in loft americaneggianti ...

5. Le vite dei tre personaggi del film hanno degli aspetti in comune. Quali per esempio? Completate.

a. i loft ....americaneggianti........

b. la libreria .....più... fornita...............

57

c. le riviste e i giornali *della sinistra più avanzata*

d. i locali *giusti*

e. gli spettacoli *intellettuale*

6. Elencate almeno cinque aggettivi che figurano in questa recensione e che esprimono un giudizio negativo su delle persone.

1. **deformi**

2. *deturpati*

3. *inguaribili*   *immondi*   *ammorbati*   *sciagurati*

4. *scostante*

5. *sgradevole*

7. Per l'autore i tre personaggi del film sono emblemi della casta intellettuale italiana. Cercate di parafrasare in italiano (o nella vostra madrelingua) il credo finale, formulato nel passo conclusivo: 'Non credo che ... accanto' .

....

8. Perché l'articolo è intitolato 'Le zanzare'?

....

13. Nonni catturati dalla rete di internet

In questo articolo apparso su Metro si parla della rivista telematica per gli anziani curata dal Comune di Roma. Che cosa offre il piccolo schermo agli over 60?

Nonni catturati dalla rete di Internet

ANCHE CON IL WEB SI PUÒ VINCERE LA SOLITUDINE E OCCUPARE IL TEMPO LIBERO.
PER I CYBERNAUTI DAI CAPELLI BIANCHI... ECCO UNA RIVISTA, RACCONTI, FAVOLE E LINK CURIOSI

---

1. Spiegate in italiano o nella vostra madrelingua la metafora nel titolo: 'Nonni catturati dalla rete di internet'.

   Come pesce al mare nel rete d'una nave   *gli anziani sono presi e diventano dipendente del to computer*

   un astronauta è uno che fa la viaggio nel spazio

2. Spiegate in italiano l'espressione usata nel sottotitolo, 'i cybernauti dai capelli bianchi'.

   / d'argento

   un cybernauto e uno che fa la viaggio nel internet

3. Quale pensate che sia il contenuto dell'articolo? Nominate due temi chiave, basandovi esclusivamente sul titolo e sul sottotitolo.

   Che cosa possono fare nel internet   *Come usare le rete variose*

---

1 **A**rzilli cybernauti, alquanto attempati, ma muniti di solido mouse e magari speciali occhiali per ripararsi dagli effetti nocivi del computer. Chissà se fra qualche anno dovremo mettere da parte i vecchi luoghi comuni sui nostri cari vecchietti, che nel frattempo si sono modernizzati navigando in buona compagnia attraverso la Rete. A guidarli nei meandri del web è il Comune di Roma, con la rivista telematica "Enonni", curata dal dipartimento Affari sociali all'indirizzo www.enonni.it.

2 **OGNI LINK** è strettamente riservato agli over 60: dalle singole storie alle notizie sulle case di riposo, dalla salute al sesso, fino al tempo libero ed economia domestica (non pochi i consigli per risparmiare). Ultime novità sul fronte della teleassistenza e telemedicina dal Pte-Expo (la fiera per gli anziani che si è appena conclusa a Roma) con corsi di formazione e tecniche per arredare la casa.

   E chi più ne ha più ne metta, si passano in rassegna casi esemplificativi cóme quello del quartiere Prati, con la presenza più elevata di anziani nella Capitale, nonché le interviste a Suso Cecchi D'amico e a Ugo Attardi.

   E chi lo dice che soltanto gli adolescenti sono alle prese con i problemi del cuore e con i primi turbamenti sessuali? Senza dubbio, non saranno i primissimi, ma sono pur sempre malanni sentimentali. «Gentile sessuologa - confida Stefania in una pagina del magazine on line - sono un'insegnante in pensione e da sempre, durante i rapporti sessuali, ho delle fantasie erotiche...».

3 **TRA I TEMI PIÙ GETTONATI**, trattati sempre con naturalezza, non poteva mancare la solitudine, alla quale si ovvia anche organizzando una festa per il prossimo carnevale (750 i posti a disposizione).

Dopo l'esperienza positiva di San Silvestro, il Comune ha pensato ad una nuova festa per gli appartenenti ai centri anziani. Il messaggio parla chiaro: «Allegria, frappe, castagnole a tempo di rumba, cha cha cha e tanta macarena». Seguono numeri telefonici e indicazioni sui teatri dove si svolgeranno i veglioni.

4 **ANZIANO È SPESSO** sinonimo di casa di riposo e a tal proposito, viene citato uno studio dell'Istituto per la ricerca sociale (Irs), che ha monitorato la situazione di tali strutture in 5 grandi città: Roma, Milano, Torino, Genova e Firenze.

Il risultato? Meno degenti e più servizi. Segno che cominciano forse a funzionare i servizi alternativi nel territorio, come l'assistenza domiciliare. E si sa, gli anziani vorrebbero degenze a tempo, naturalmente brevi, per poi tornare alla vita di tutti i giorni.

Ma c'è anche una storia al giorno sul web. Volete leggere interessanti storie, così come le raccontavano i nonni? Allora cliccate *www.inonniraccontano.org* per tuffarsi in un mondo di raccontini brevi e narrazioni che talora non hanno nulla da invidiare alla narrativa del nuovo millennio.

---

4. Leggete il paragrafo introduttivo. Con quali mezzi gli anziani di oggi possono navigare attraverso la rete?

1. Muniti di solido mouse.   2. e magari speciali occhiali   3. e con la rivista telematica I nonni

5. Nel secondo paragrafo vengono citati degli argomenti interessanti per gli anziani. Quali argomenti che potrebbero essere interessanti non vengono nominati?

gli animali domestici • il sesso • gite e escursioni • l'economia domestica
il tempo libero • la teleassistenza • la telemedicina • la salute

6. Nel paragrafo 3 si parla di una festa per il carnevale per ovviare alla solitudine degli anziani.

a. Chi organizza la festa?   il Comune

b. Che tipo di festa è?   veglione

7. Qual è attualmente la situazione delle case di riposo nelle cinque grandi città? Basatevi sul paragrafo conclusivo.

gli vecchietti non volgiano alloggiare tutto il tempo, solo essere degenze a tempo per poi tomare alla vita di tutti i giorni

8. Nel testo si fa riferimento a un sito chiamato www.inonniraccontano. Che cosa pensate che possa offrire?

comme incontrare altri vecchietti

9. Indicate la parafrasi migliore per ciascuna espressione.

a. essere alle prese con i problemi del cuore

✓ 1. avere problemi sentimentali
✗ 2. essere innamorati

b. ovviare alla solitudine

1. evitare la solitudine
✓ 2. rimediare alla solitudine

c. monitorare la situazione

✓ 1. controllare la situazione
✗ 2. studiare la situazione ✗

d. non avere nulla da invidiare

1. non avere motivo di invidia ✓
2. non essere invidiosi

14. Vittorio De Seta torna sul set

In questo articolo di Diego Del Pozzo, apparso su Cinemasessanta, si parla dei film di Vittorio De Seta, famoso cinematografo del neorealismo. Dopo un'introduzione segue un'intervista con De Seta.

1. Cercate su internet delle informazioni su Vittorio De Seta.

1 È un cinema primordiale – quello documentaristico di Vittorio De Seta – e quasi «elementale», per come riesce a restituire pienamente sul grande schermo l'infinita ricchezza e complessità degli elementi da cui prende forma la vita stessa: cinema, dunque, del fuoco, dell'aria, dell'acqua e della terra.

2 Ma De Seta, in un momento che è quello della vigilia di un suo ritorno attivo al cinema, si conferma come una tra le personalità più originali (e schive) del panorama cinematografico nostrano: un autore sempre coerente con sé stesso, nonostante una carriera registica caratterizzata anche da cambiamenti repentini e film molto diversi tra di loro – più in apparenza che nella sostanza, però – e iniziata nel 1954 col documentario *Pasqua in Sicilia* (realizzato assieme a Vito Pandolfi). A folgorare la critica dell'epoca, però, sono i dieci documentari che lo stesso Vittorio De Seta porta a termine tra il 1955 ed il 1959 in Calabria, Sicilia e Sardegna: un ciclo di brevi e densissimi capolavori di antropologia cinematografica, con titoli ormai classici come *Lu tempu di li pisci spata*, *Isole di fuoco*, *Surfatara*, *Pe-*

scherecci, *Pastori di Orgosolo*, *I dimenticati*; tutti lavori che – allo stesso modo degli studi di antropologi come Ernesto De Martino e Diego Carpitella – si distaccano con decisione dalla duplice visione che, solitamente, si aveva (e, forse, si ha ancora) del Meridione, considerato inferiore oppure tratteggiato secondo le coordinate di un furbesco e sterile «feticismo degli umili». Nei documentari di Vittorio De Seta, così come nei libri di De Martino, c'è la capacità di saper ascoltare: anche in questo modo, si sono sviluppati i fondamenti dell'antropologia italiana.

3 Proprio parecchie tra le prime prove di questo maestro del documentario – protagonista, a partire dagli anni Cinquanta, di un rovesciamento completo nei confronti della tradizione documentaristica nazionale che dai cinegiornali Luce arriva fino a quelli della *Settimana Incom* – sono state riproposte l'anno scorso a Roma dalla Biblioteca Umberto Barbaro e da *Cinemasessanta* e hanno rappresentato il fulcro delle Giornate dei documentaristi, organizzate nella scorsa primavera a Napoli dall'Associazione culturale Blackout Onlus e dall'Istituto

campano per la Storia della Resistenza, in collaborazione con la Galleria Toledo. Vittorio De Seta ha introdotto personalmente i propri documentari, nel corso di una tavola rotonda con gli storici Guido D'Agostino e Pasquale Iaccio e l'antropologa Amalia Signorelli. L'autore – palermitano di nascita (15 ottobre 1923) ma calabrese d'adozione – del capolavoro docu-fiction *Banditi a Orgosolo* (premiato a Venezia nel 1961, come migliore opera-prima) ha avuto anche modo di confrontarsi con Napoli, città da cui mancava ormai da parecchi anni e che ha frequentato meno rispetto ad altre zone dell'Italia meridionale. «Ho trovato la città in splendida forma», ha sottolineato De Seta, al termine di un'intensa passeggiata, «e, dopo averla rivista, sono sempre più convinto di una cosa: proprio da Napoli, secondo me, potrebbe nascere una resistenza decisa al clima di omologazione che si respira un po' dovunque. Mi fa estremamente piacere mostrare qui i miei documentari anche per questo motivo, dato che Napoli è tra le città meno omologate del mondo occidentale».

2. Leggete il testo e indicate a quale dei tre paragrafi si riferiscono le frasi chiave a-h.

a. le Giornate dei documentaristi
b. i dieci documentari prodotti tra il 1955 e il 1959
c. De Seta regista di film molto diversi tra di loro
d. De Seta e Napoli
e. la capacità di prestare ascolto alla realtà
f. il carattere primordiale dei film di De Seta
g. la ricchezza e la complessità della vita
h. capolavori classici di antropologia cinematografica

Paragrafo 1: g, f

Paragrafo 2: b, c, e, h

Paragrafo 3: a, d

3. Da quali parole sono derivati gli aggettivi che seguono?

   primordial

   a. primordiale ....(*primo*).... *i primordi* ....

   b. nostrano /local   ....*nostro* ✓........................
      national,
      home produced

   c. furbesco   ....*furbo* ✓............ *clever cunning*

   Vittorio De Seta

4. Qual è l'equivalente in italiano standard del titolo dialettale del film *Lu tempu di li pisci spata*?

   Il tempo dei

   (*Gli è tempi*)*degli pesci spada*..

5. Rileggete il passo seguente e indicate se le frasi a-d ne riassumono in modo corretto il contenuto.

   overwhelm/
   strike down ✓

   ... A folgorare la critica dell'epoca, però, sono i dieci documentari che lo stesso Vittorio De Seta porta a termine tra il 1955 ed il 1959 in Calabria, Sicilia e Sardegna: un ciclo di brevi e densissimi capolavori di antropologia cinematografica, con titoli ormai classici come *Lu tempu di li pisci spata*, *Isole di fuoco*, *Surfatara*, *Pescherecci*, *Pastori di Orgosolo*, *I dimenticati*; tutti lavori che - allo stesso modo degli studi di antropologi come Ernesto De Martino e Diego Carpitella - si distaccano con decisione dalla duplice visione che, solitamente, si aveva (e, forse, si ha ancora) del Meridione, considerato inferiore oppure tratteggiato secondo le coordinate di un furbesco e sterile «feticismo degli umili» ...

	sì	no
a. I documentari di De Seta lasciarono la critica dell'epoca assai perplessa.	☒	☒
b. I dieci documentari sono stati fatti tra il 1955 e il 1959.	☒	○
c. Ernesto De Martino e Diego Carpitella sono antropologi meridionali.	☒	☒
d. In genere si rappresenta il Mezzogiorno come povero e inferiore.	○	☒

6. Questo passo è formato da un unico periodo. Sottolineate le due frasi principali all'interno di questo periodo.

   ... Proprio parecchie tra le prime prove di questo maestro del documentario – protagonista, a partire dagli anni Cinquanta, di un rovesciamento completo nei confronti della tradizione documentaristica nazionale che dai cinegiornali *Luce* arriva fino a quelli della *Settimana Incom* – sono state 1 riproposte l'anno scorso a Roma dalla Biblioteca Umberto Barbaro e da *Cinemasessanta* e hanno 2 rappresentato il fulcro delle Giornate dei documentaristi, organizzate nella scorsa primavera a Napoli dalla Associazione culturale Blackout Onlus e dall'Istituto campano per la Storia della Resistenza, in collaborazione con la Galleria Toledo ...

7. Ora segue l'intervista di Diego del Pozzo con De Seta. Abbinate le domande alle risposte inserendo il numero della risposta accanto alla lettera della domanda corrispondente.

a. 3......; b. 2......; c. 1......; d. 6......; e. 7......; f. 5......; g. 4...... .

domande

risposte

a Lei, però, ha preferito girare i suoi documentari in realtà come quelle di Calabria, Sicilia e Sardegna. Come mai le tradizioni rurali campane non hanno mai catturato il suo interesse?

b Tra i meriti più grandi della sua produzione documentaristica c'è, appunto, quello di aver registrato e tramandato tradizioni che, in molti casi, oggi non esistono più.

c Non sembra per nulla contento della piega che, a partire dagli anni Cinquanta e Sessanta, ha preso lo sviluppo in Italia...

d Le canzoni e i rumori della realtà sono fondamentali nei suoi documentari. Di solito, in che modo procedeva alla loro realizzazione?

e In tale ottica, mi sembra fondamentale la sua scelta di eliminare o ridurre ai minimi termini il commento esterno.

f Come le sembra, in definitiva, la condizione complessiva del Mezzogiorno d'Italia, quarant'anni dopo?

g Dopo anni di silenzio, lei dovrebbe finalmente tornare a dirigere un film in cui sarà, ancora una volta, responsabile dell'intero processo estetico. Ci vuole anticipare di che cosa si tratta?

1 Perché, a partire dal boom degli anni Sessanta, un autentico progresso non ha accompagnato lo sviluppo puramente esteriore del paese. Forse noi, tutti presi dal nostro delirio, non ci accorgiamo in modo chiaro di determinati processi, perché siamo comunque privilegiati. Ma non dovremmo dimenticare mai che quattro quinti del mondo vivono in totale povertà, in situazioni ben peggiori di quelle delle persone appartenenti alle culture mostrate nei miei documentari. La cosa straordinaria, senza voler cadere nel folklore gratuito, è che questa gente ha sempre lavorato tra mille difficoltà ma è, in ogni caso, capace anche di cantare e di godere la vita in tutta la sua pienezza.

2 All'epoca, io seguivo soprattutto il mio istinto. E, dovunque guardassi, vedevo un patrimonio inestimabile di tradizioni da conservare e alle quali dare una dignità mai pienamente riconosciuta: un mondo che ai miei occhi sembrava persino epico e che oggi è andato via, forse per sempre. Per me che venivo da una famiglia aristocratica, poi, è stato fondamentale il periodo di prigionia in Germania, durante la seconda guerra mondiale, poiché è servito per avvicinarmi all'universo degli umili e dei lavoratori rurali. E proprio la cultura rurale è stata vittima di una rimozione inspiegabile da parte di quella urbana: mi ha sempre sorpreso la disinvoltura con cui è stato fatto sparire, in poco meno di quarant'anni, questo mondo ricchissimo che esisteva fin dalla notte dei tempi.

3 In realtà, qui ho girato alcune sequenze dello sceneggiato televisivo *Diario di un maestro*, con Bruno Cirino. Per quel che riguarda i documentari, invece, s'è trattato più che altro di casualità, poiché anche in Campania esiste un'enorme ricchezza di suggestioni che, fortunatamente, sono ancora vive, a differenza di ciò che accade in altre regioni del Mezzogiorno.

4 Certo. Sto lavorando a un progetto in cui credo davvero molto e che, finalmente, sta concretizzandosi: la storia di un immigrato maghrebino, che, tra mille difficoltà e contraddizioni, attraversa l'Italia di oggi. Sarà un film vero e proprio, comunque, da realizzare su pellicola e per il grande schermo: non un lavoro televisivo, come quelli fatti durante gli anni Settanta e nella prima metà degli Ottanta. In ogni caso, spero proprio che me lo lascino girare e montare come dico io, senza ingerenze o «suggerimenti» di nessun tipo.

5 Da uomo del Sud e da cineasta/studioso, devo dire che, rispetto ad altre zone della penisola, certe tradizioni sono ancora riscontrabili, anche se pure qui da noi l'omologazione avanza. In generale, quindi, mi sembra tutto uno sfascio. Forse, però, è proprio la presunta arretratezza del Sud a opporsi alla cosiddetta globalizzazione e a fare in modo che tale processo non sia ancora irreversibile come è accaduto in Piemonte o in Lombardia.

6 Fondamentalmente, senza appesantirli con eccessive sovrastrutture intellettuali. Partendo da un piccolo soggetto, in fase di ripresa mi aprivo letteralmente alla realtà circostante per farle fare irruzione davanti al mio obiettivo. E pure i suoni e i rumori sono quelli veri, anche se li ho sempre aggiunti in un secondo momento, sintetizzandoli e asciugandoli ulteriormente. D'altra parte, per me che venivo dalla città e che non conoscevo fino in fondo le cose che filmavo, proprio questo era il modo più proficuo per lavorare: lasciar spazio alla realtà e documentare ciò che mi circondava in quel momento.

7 Sì. Abolendo il commento dell'autore, si permette alla cultura rurale di venire fuori molto meglio e in modo più diretto; la risposta è più reattiva e non mediata, poiché non bisogna mai dimenticare che mi trovavo davanti persone che vivevano in un tipo di cultura assolutamente non libresca o esteriore, ma molto intima, vissuta nella propria quotidianità e, quindi, piuttosto sfuggente. Non a caso, quando poi mostravo i miei documentari a coloro che ne erano stati i protagonisti, le reazioni erano sempre positive.

15. I neo-buffoni e la televisione

In 'La reinvenzione televisiva d'una professione antica' Ferdinando Taviani, professore di Storia del teatro, paragona il ruolo degli 'intellettuali televisivi' che si fanno invitare nei vari talk-show, a quello dell'antico buffone, che nel Cinquecento e nel Seicento aveva la funzione di intrattenere e rallegrare il principe e la sua corte.

La reinvenzione televisiva d'una professione antica

1 Può sembrare strano che sia stato chiesto ad uno storico del teatro di affrontare qualche angolo del vasto ed ambiguo problema televisivo. Nulla infatti più della televisione è – o dovrebbe essere – distante dal teatro. Ma fra le sabbie mobili della "civiltà televisiva" ve ne è almeno una sulla quale lo storico dello spettacolo può avere qualcosa da dire. Mi riferisco alla rinascenza dei buffoni.

2 Quando si parla dell'impatto sociale e culturale della televisione si tende quasi automaticamente a pensare al suo influsso su chi la vede. Si dimentica l'influsso su chi la fa. Problema trascurabile – perché riguarda qualche centinaio di persone. Ma problema grave se alcune di tali persone vengono profondamente trasformate, se il loro corpo e (presumibilmente) il loro spirito risulta intaccato o corrotto, diffondendo inganni e falsi scopi fra gli spettatori.

3 Diciamo subito che qui il termine *buffone* è usato in senso tecnico, per indicare un particolare mestiere o una particolare specializzazione dell'artigianato del divertimento. Nei secc. XVI e XVII, i buffoni erano anche chiamati "cavalieri del piacere" e vivevano nella corte con uno status a metà tra quello dei professionisti del divertimento e quello dei gentiluomini. Difficilissimo, talvolta,

cogliere la distinzione tra un intellettuale e un "cavaliere del piacere" o buffone. Stante l'economia cortigiana, neppure il guadagno bastava a segnare un chiaro discrimine. Ma il loro profilo professionale era difficile da definire soprattutto perché il buffone è ben vero che recita, ma recita un solo personaggio. Il che, inutile dirlo, non s'allontana molto da quel che fa ogni persona nella vita. Il personaggio a volte era chiaramente fittizio (quello d'un famoso corsaro, d'un famoso filosofo o di un altrettanto famoso condottiero), ma altre volte coincideva con la persona, quand'essa, avendo alcuni lati sollazzevoli, si fissava in questi passando – appunto – da persona a personaggio (*personaggio* viene da *persona* come *paesaggio* da *paese* e da *forma*, *formaggio*).

4 Per completare il quadro, basterà dire che fra i caratteri sollazzevoli vi era anche la facilità ad arrabbiarsi, a inveire, a insultare, a simulare la sacrosanta indignazione. Fra gli antichi (ne parla, ad es., Suetonio a proposito dei banchetti di Augusto) esistevano i filosofi-buffoni, detti aretaloghi, coloro che inveivano in nome della virtù e così divertivano gli ascoltatori. Del resto, il termine stesso *buffone* pare che venga dal gonfiare le gote, dal riempirsi la bocca, diremmo oggi, con parole grosse, paga-

te per essere veementi, o nobili, accademiche e imponenti, quindi piacevoli e non impegnative né da parte di chi le ascoltava, né di chi le diceva.

5 Diversi personaggi che appartengono ai fasti televisivi hanno oggi aggiunto alla loro professione intellettuale (spesso sono docenti, critici, medici, giornalisti) quella ben più redditizia, anche se meno stimata, di buffone o neo-buffone. Generano esagerato sconcerto, perché paiono il segno d'un degrado dell'intelligenza e d'un inganno delle masse teleutenti. Sono invece i rappresentanti d'un mestiere che andrebbe considerato per i suoi principi. Per farlo occorre però conoscerne i paradigmi.

6 Ciò per cui non si posseggono modelli interpretativi facilmente fa scandalo. Poiché i personaggi della televisione vengono di solito visti alla luce dei paradigmi elaborati per capire i prodotti dello spettacolo di massa, oppure per il giornalismo, che un divo diventi aggressivo e violento, che per questo raccolga voti nelle elezioni, o che dei facitori d'opinione o degli "esperti" si comportino in pubblico con rissosa scompostezza parrebbe giustamente un singolare sintomo della decadenza dei tempi. Tutto è invece più chiaro e comprensibile se si adottano i paradigmi di quell'antica profes-

lively bunch   *nicely*   *harm/damage*

sione sparita, oggi rinata per la sua congruità con la nuova corte televisiva.

7 Un buffone, sia nella sua versione buffa che in quella indignata, può vivere solo nell'ambiente ristretto d'una corte. Ma la corte non è caratterizzata dalla presenza di un principe. È caratterizzata dal fatto di essere composta da un numero ristretto di persone che si ritengono élite e modello di comportamento per gli altri, che si incontrano frequentemente e hanno in comune pratiche di tipo intellettuale, conversazioni, esibizioni, dispute, con una composizione umana sufficientemente variata da permettere salti di toni, contrasto fra raffinatezze, e persino l'irruzione della realtà e del dolore, sempre però nell'orto chiuso d'un insieme che si considera indistruttibile ed è quindi fondamentalmente faceto. Può sembrar strano, visto che si tratta di mezzi di comunicazione di massa, ma i talk-show televisivi si formano e si riproducono secondo una dinamica culturale tipica degli ambienti ristretti. Hanno una struttura di corte, o d'uno dei suoi deri-

invasion

garden unity

humorous

vati, dall'"allegra brigata" al salotto. Sono visti da milioni di persone, ma ciò non toglie che al loro interno si conformino alle regole della cultura cortigiana. Sono divertenti per questo. E per questo possono avere qualche veleno. *venom/spite*

8 Numerosi neo-buffoni televisivi continuamente entrano nel ben remunerato mestiere. Non dovrebbero scandalizzare, come se si trattasse d'una decadenza dell'intellighenzia, quando non si tratta che della normale emigrazione dall'una all'altra professione o – raramente – di casi di doppia professione. Il veleno nasce dal contrasto tra struttura cortigiana e fruizione di massa, che dà *mass media* ? sapore alla faccenda ma che può *business* creare inganni quando non è *tricks* cosciente e palese. *evident*

9 Di fronte all'irrealtà nostra quotidiana, di fronte alle sorti del progressismo informatico, di cui discorrono benissimo Alberto Berretti e Vittorio Zambardino nel prezioso *Internet. Avviso ai naviganti* (Donzelli, Roma, 1995), le piace-

volezze e i danni dei neobuffoni, essendo di tipo materiale, trattandosi di corpi, di persone ben precise, di presenze socialmente ben *obsta* definite ed ingombranti, paiono molto vecchio tipo, quindi non pericolose. Lo sono, invece, quando l'esibizione d'un aretalogo professionale viene confusa con il dibattito culturale o politico, o quando il carattere sostanzialmente evasivo, mercenario e spettacolare di tale esibizione viene occultato e prelude alla sua trasformazione in partito o sottopartito elettorale.

10 Un buffone non è un personaggio culturalmente corrotto; è indifferente alla ricerca culturale, ma stimabilissimo quando esercita bene *respectble* il suo mestiere di professionista dell'erudizione, della facezia e del divertimento. È vero che crea disordine, ma la corruzione non viene mai dal disordine. Viene dalla confusione.

*Ferdinando Taviani
(Professore di Storia del teatro,
Università dell'Aquila)*

1. Leggete il capoverso introduttivo. Sottolineate la frase che meglio sintetizza il tema principale dell'intero articolo.

… Può sembrar strano che sia stato chiesto a uno storico del teatro d'affrontare qualche angolo del vasto e ambiguo problema televisivo. Nulla infatti più della televisione è - o dovrebbe essere- distante dal teatro. Ma fra le sabbie mobili della 'civiltà televisiva' ve ne è almeno una sulla quale lo storico dello spettacolo può avere qualcosa da dire. Mi riferisco alla rinascenza dei buffoni …

2. Leggete il secondo capoverso e indicate l'affermazione che vi sembra più rilevante dal punto di vista tematico.

a. L'impatto sociale e culturale della televisione su chi la fa può sembrare un problema trascurabile.
b. L'influsso della televisione su chi la vede è immenso.
✓ c. C'è il rischio che i telespettatori vengano ingannati e manipolati da chi fa la televisione.

3. Leggete i capoversi 3-10. Quanto al contenuto potrebbero essere divisi in due unità tematiche. Dove finisce la prima e comincia la seconda unità tematica? Indicate i capoversi e completate lo schema, indicando anche in poche parole il tema principale di queste unità.

Capoversi	Tema principale
a. capoversi 3- *4.*	*Antiquo ruolo del 'Buffone'*
b. capoversi *5.* -10	*Il neo-buffone nel mondo di televisione oggi.*

4. Scorrete l'articolo. Qui trovate alcune frasi che ne riassumono in qualche modo il contenuto. Indicate le frasi che vi sembrano più rilevanti a tal fine.

a. Diciamo subito che qui il termine buffone è usato in senso tecnico per indicare un particolare mestiere o una particolare specializzazione dell'artigianato del divertimento (capoverso 3).

b. Il termine buffone pare che venga dal gonfiare le gote, dal riempirsi la bocca, diremmo oggi, con parole grosse (capoverso 4).

c. I neo-buffoni televisivi sono invece i rappresentanti di un mestiere che andrebbe considerato per i suoi principi (capoverso 5).

✓d. Il veleno nasce dal contrasto fra struttura cortigiana e fruizione di massa, che dà sapore alla faccenda ma che può creare inganni quando non è cosciente e palese (capoverso 8).

5. Leggete il capoverso 3. Quali di queste definizioni si addicono al buffone del XVI e del XVII secolo? Completate lo schema, rispondendo 'sì' o 'no'.

	sì	no
a. i cavalieri del piacere	☑	○
b. contadini, al servizio del principe	○	☒
c. cortigiani e aristocratici	☑	○
d. uno status tra quello del letterato e quello dell'artigiano del divertimento	☑	○
e. recitavano di solito un solo personaggio, fittizio o in parte reale	☑	○
f. facili ad arrabbiarsi e ad insultare	☑	○
g. erano pagati per essere veementi, nobili e piacevoli	☑	○
h. filosofi e intellettuali	☑	○

6. Leggete la frase sottostante (capoverso 3). A quali elementi testuali si riferiscono i pronomi in neretto?

... Il personaggio a volte era chiaramente fittizio (...), ma altre volte coincideva con la persona, quand'**essa**, avendo alcuni lati sollazzevoli, si fissava in **questi**, passando – appunto – da persona a personaggio ...

a. essa: ......persona......

b. questi: ......latti......

7. Chi sono questi neo-buffoni (capoverso 5)? Sottolineate i termini che si addicono loro.

docenti - critici - maestre di scuola - medici - economisti - giornalisti - giuristi

8. Leggete i capoversi 6-10. Sono vere o false le affermazioni sottostanti?

		vero	falso
a.	Per capire la funzione dei neo-buffoni bisogna adottare i modelli interpretativi che si applicavano al mestiere dei buffoni dei secoli XVI e XVII.	☑	○
b.	Anche la corte televisiva è caratterizzata dalla presenza di un principe.	○	☒
c.	I talk-show, anche se visti da milioni di persone, si riproducono secondo le regole della cultura di un gruppo ristretto, elitario.	☑	○
d.	La presenza in televisione di questi neo-buffoni è un segno della decadenza dell'intellighenzia.	☑	○

9. Quando diventano particolarmente pericolosi i neo-buffoni (capoverso 9)? Indicate le risposte giuste.

a. Quando decidono di occuparsi di internet e dei nuovi strumenti informatici.   x ?

b. Quando ciò che dicono in televisione viene confuso con il dibattito culturale e politico. ✓

c. Quando decidono di presentarsi alle elezioni o di fondare un partito. ✓

10. Rileggete il capoverso conclusivo. In questo capoverso sono state messe in evidenza tre frasi. Quale di esse corrisponde meglio alla conclusione dell'intero articolo?

... (a) Un buffone non è un personaggio culturalmente corrotto; (b) è indifferente alla ricerca culturale, ma stimabilissimo quando esercita bene il suo mestiere di professionista dell'erudizione, della facezia e del divertimento. (c) È vero che crea disordine, ma la corruzione non viene mai dal disordine. Viene dalla confusione...

a. O   b. O   c. ☑

11. Sottolineate la parola estranea.

   a. inveire - insultare - <u>divertire</u> - far arrabbiare
   b. filosofi - letterati - intellettuali - <u>corsari</u>
   c. <u>sacrosanto</u> - redditizio - ben remunerato - ben pagato
   d. condottieri - cavalieri - <u>rappresentanti</u> - gentiluomini
   e. intaccato - <u>stimabile</u> - corrotto - pericoloso

12. Indicate gli opposti.

5	a. raffinatezza	1.	serio
3	b. occultato	2.	gentilezze *Kindness/courtesy*
2	c. scontri ? *collisions crashes*	3.	palese *clear evident*
1	d. faceto *humorous*	4.	ampio *open full*
4	e. ristretto *narrow-minded*	5.	volgarità

13. Spiegate il significato delle seguenti espressioni. Usate un dizionario, un'enciclopedia o altre fonti, se necessario.

   a. l'aretalogo (capoverso 4): ....

   b. le masse teleutenti (capoverso 5): ....

   c. 'l'allegra brigata' (capoverso 7): ....

   d. mercenario (capoverso 9): ....

14. Conoscete esempi di personaggi televisivi (in Italia, o nel vostro paese) che appartengono a questa classe di 'neo-buffoni', come li definisce Ferdinando Taviani?

16. Il partigiano Johnny

In questa recensione Francesco Bolzoni parla del film Il partigiano Johnny *del regista Guido Chiesa, tratto dall'omonimo romanzo dello scrittore piemontese Beppe Fenoglio (1922-1963). Questa opera è considerata una delle più originali testimonianze sulla lotta partigiana e sulla resistenza ed è basata sull'esperienza autobiografica dell'autore.*

1. Ecco un breve riassunto della storia del partigiano Johnny raccontata nel romanzo di Beppe Fenoglio. Leggetelo e cercate su internet o su un'enciclopedia della letteratura italiana del Novecento le risposte alle domande a-c.

> Il protagonista del romanzo, un ragazzo sui vent'anni, Johnny (Fenoglio) è un intellettuale borghese, insoddisfatto della propria condizione umana. Dopo l'otto settembre del 1943 si rifugia fra le colline nei pressi della città di Alba e decide di unirsi alla lotta partigiana. Si unisce dapprima ai partigiani Rossi, di ideologia comunista, e, in un secondo momento, ai partigiani Azzurri, badogliani. L'entrata in una realtà completamente diversa da quella borghese provoca in Johnny un sentimento di totale smarrimento e di estraneità. La scelta della lotta partigiana è tuttavia per lui esistenziale e morale: è una lotta contro un nemico assoluto, incarnazione del male metafisico. La storia della guerra partigiana ha come sfondo quello del paesaggio e della natura delle Langhe.

↠ da www.ilpaesedimango.it

a. Quali avvenimenti storici si sono verificati il giorno dell'8 settembre 1943?

....

b. Chi fu il generale Badoglio?

....

c. In quale regione sono situate le Langhe?

....

Il partigiano Johnny

la locandina del film

Con Il Partigiano Johnny *Guido Chiesa ha tentato la difficile impresa di portare sul grande schermo un testo letterario (il romanzo omonimo di Beppe Fenoglio) pressoché intraducibile per il cinema. Per raccontare la lotta partigiana di un giovane intellettuale piemontese, Chiesa lavora sui frammenti brevi, descrive gli stenti e le incertezze del periodo e si serve degli interpreti giusti – a cominciare dal protagonista, Stefano Dionisi.*
La nostra recensione.

1 Il partigiano Johnny è testo letterario pressoché intraducibile per il cinema. Non perché non contenga dei "fatti". Ce ne sono fin troppi. Beppe Fenoglio era scrittore di così robusto istinto narrativo da sapere benissimo di non poter fare a meno di una solida base a cui appoggiare le sue invenzioni linguistiche. Sono proprio queste ultime a resistere a ogni tentativo di "traduzione" pur adattandosi splendidamente a una sorta di montaggio interno. Il libro, così come lo conosciamo, nasce da una contaminazione non dovuta all'autore. Lorenzo Mondo, nell'edizione del 1968 (per Einaudi), utilizzò le due redazioni del testo ritrovate nelle carte di Fenoglio passando dall'una all'altra. Dante Isella, nel 1992, preferì dare i capitoli I-XX della prima e i capitoli XXI-XXXIX della seconda. Entrambe le edizioni conservano, ovviamente, gli inserti in lingua inglese che si incuneano in quasi ogni pagina e che finiscono per modificare il tradizionale rapporto di simpatia fra il narratore e i materiali narrativi o, se si vuole, il legame che con essi intrattiene il lettore.

2 Per il giovane universitario di Alba (ossia per Fenoglio) che, volendo esprimere l'avversione per un nemico che aveva "rotto le regole del gioco, tutto un codice secolare", scende in campo "a vedere, a protestare, a cancellare l'infrazione" e si arruola nei partigiani, l'inglese è, sì, la lingua della libertà che può affiancarlo da ogni compromesso con il regime fascista.

Come scrive Dante Isella nel saggio che accompagna l'edizione di *Il partigiano Johnny* da lui curata e che abbiamo tenuto presente "l'inglese gode, per l'adolescente Fenoglio, del privilegio di essere una pura esperienza mentale: la lingua degli autori delle sue letture appassionate, del grande teatro, della poesia impervia dei suoi autori più diletti (Shakespeare, Marlowe, Hopkins, Coleridge, ecc.). La lingua della sua rivincita intellettuale sul proprio ambiente". Ma l'inglese è anche, e soprattutto, un segno di isolamento che farà di lui un solitario pellegrino nei territori dell'utopia che si nega appena la si avvicina. Affrontando il "vortice del vento nero", sentendo "com'è grande un uomo quando è nella sua normale dimensione umana", lo studente Johnny, e soldato sbandato dopo l'8 settembre, si considera chiamato "in nome dell'autentico popolo d'Italia, ad opporsi al fascismo, a giudicare ed eseguire, a decidere militarmente e civilmente. Era inebriante tanta somma di potere, ma infinitamente più inebriante la coscienza dell'uso legittimo che ne avrebbe fatto". Ma, fin dal primo incontro con i partigiani, egli è già un estraneo. Il senso di estraneità è sottolineato nei capitoli iniziali del libro e solo più avanti, un po' ma non molto, sarà contenuto (perfino nel capitolo finale si parla di "unica possibilità di inserirsi nella battaglia, di sfuggire a quell'incubo personale e inserirsi nella grande realtà").

3 Mai, prima di Fenoglio, si era letta una descrizione tanto atroce di uomini, di soldati che, in un contesto incredibilmente avverso, avevano osato trasformare l'antifascismo – inteso, alla fin fine, come volontà di pace – non in un atteggiamento neutro, in un affanno o avversione interiore bensì in azione, nell'occupazione di un presidio (malamente armato). L'incidente dell'autocarro, la solitudine del paesino che accoglie Johnny, i sequestri (per necessità di vita) ai danni dei contadini, l'assalto ai magazzini "difesi" (si fa per dire) dai carabinieri sono quanto di meno eroico (o, al contrario, di sommamente eroico) si possa immaginare; e di anticinematografico, anche. Tolgono al lettore la possibilità di identificarsi con il personaggio (o, all'opposto, di odiarlo), di convivere sentimentalmente con la situazione prospettatagli. Queste difficoltà si fanno di cemento nel passaggio dal capitolo di un libro (il quale ti consente sempre una sosta) al brano di un film, dalle parole che puoi "bloccare" sulla pagina alle immagini che inarrestabilmente ti investono.

4 Si sarà capito da quanto detto fin qui che, nel trascrivere per lo schermo un libro unico (o quasi) nella letteratura del tardo dopoguerra (Fenoglio morì nel 1963), Guido Chiesa ha osato l'impossibile. Il suo film, del tutto insolito nel panorama del cinema italiano, non ha quasi nulla che possa essere adottato da uno spettatore ordinario. È stato pochissimo amato alla Mostra di Venezia anche se sopravanza nettamente altre proposte italiane; e rivela nel rigore dell'impostazione le spropositate ambizioni, gli errori di calcolo del Salvatores di *Denti* e la miseria affabulatoria di *La lingua del santo* di Mazzacurati. Benché privo delle attrattive di tipo sperimentale che sono all'origine della fortuna critica del libro di Fenoglio, *Il partigiano Johnny* di Chiesa resta una prova di maturità per un regista del quale si apprezzò, anni fa, *Il caso Martello*, un'interpretazione dell'"opera aperta" di Fenoglio che trova visi giusti – a cominciare dal protagonista Stefano Dionisi – per le figure narrative e ambienti credibili per l'assunto di base: la lotta incessante fra bene e male. Con dettato molto personale Chiesa trascrive il "coro delle vittime" (così ci

appaiono, in fondo, tutti coloro che si fanno avanti) e riflette il rapporto io narrante-paesaggio che è fra le caratteristiche più decise del testo di Fenoglio come suggerisce Dante Isella: "Il tempo (poco più di un anno sul calendario della storia) è quello, eterno, dello svariare della luce e delle sue ombre. Albe e tramonti, sole e luna, nuvole e sereno, pioggia e neve, un succedersi senza fine dei giorni e delle stagioni. Il tutto con un forte senso primordiale, vitalmente energico, del rapporto dell'uomo con la natura, di cui si alimenta per tutto il libro una tesa, sommessa, ininterrotta meditazione sul bene e sul male, sulla vita e sulla morte".

Beppe Fenoglio

5 Chiesa frantuma l'arco narrativo. Lavora su frammenti brevi. Li pone uno a fianco dell'altro contando che, dall'accumulo, nasca il profilo di una stagione disperata e, specie agli occhi dei giovani, incomprensibile. Coglie la sensazione della fame (stalle, povere cucine di contadini privi quasi di tutto), del freddo, della stanchezza, della pioggia e della neve, della paura per gli agguati e i rastrellamenti. Anche le pagine gloriose – l'allontanamento dei fascisti dalla città di Alba che fu liberata per ventitré giorni – sono viste alla luce smorta di un inverno dell'anima, all'interno di un "vento nero". Eppure, sostenuto da ragioni che sa giuste e necessarie, il partigiano Johnny non si tirerà indietro, la vitalità che lo nutre non verrà meno. Chiesa suggerisce le insicurezze del 1944 e dell'inizio del '45, la non prevedibilità di quanto sarebbe potuto succedere l'indomani, le sorprese, le delusioni, i giorni che corrono via brevi, incerti eppure quasi senza fine.

Francesco Bolzoni

2. La recensione si può suddividere in quattro blocchi tematici. Scrivete nello schema l'inizio e la fine di ciascun blocco riportando elementi letterali del testo.

Blocco tematico	Inizio	Fine
a. l'opera letteraria		
b. rapporto tra l'autore e il personaggio dell'opera		
c. la descrizione della guerra partigiana		
d. il film di Guido Chiesa		

3. Dato il carattere autobiografico dell'opera e la sua natura di testimonianza storica di eventi realmente vissuti in prima persona dall'autore, anche nella presente recensione le informazioni biografiche e quelle sull'opera sono strettamente intrecciate. Ricostruite la sequenza cronologica giusta delle informazioni, basandovi sui primi due capoversi.

a. Fenoglio scrive *Il Partigiano Johnny*.

b. Il critico Dante Isella cura una nuova edizione del romanzo.

c. Fenoglio si nutre assiduamente di letture in inglese.

d. Il critico Lorenzo Mondo cura l'edizione del romanzo *Il Partigiano Johnny* per conto della casa editrice Einaudi.

e. Vengono ritrovate tra le carte di Fenoglio due diverse versioni del *Partigiano Johnny*.

f. Fenoglio intraprende gli studi universitari.

g. Fenoglio si arruola nei partigiani.

1. ....; 2. ....; 3. ....; 4. ....; 5. ....; 6. ....; 7. ....

4. L'autore della recensione enumera una serie di caratteri positivi e di limiti dell'impresa del regista. Quali dei giudizi elencati qui di seguito corrispondono al suo punto di vista? Rileggete i capoversi 4 e 5.

	vero	falso
a. Il regista ha trovato l'interprete giusto per il personaggio del romanzo.	O	O
b. Guido Chiesa con questo film è andato incontro al gusto del pubblico medio.	O	O
c. Il film è stato ingiustamente sottovalutato alla Mostra di Venezia.	O	O
d. Le figure e gli ambienti sono poco verosimili.	O	O
e. Le invenzioni narrative di Fenoglio sono ben tradotte in immagini cinematografiche.	O	O
f. Guido Chiesa ha avuto il coraggio di tentare un'impresa ritenuta impossibile.	O	O
g. Il regista costruisce il film con una sequenza di ampi brani narrativi.	O	O

5. *Il Partigiano Johnny* contiene frequenti passi in inglese, una lingua molto amata dallo scrittore. Menzionate almeno tre dei valori e dei significati della lingua inglese nella vita e nell'opera di Fenoglio, così come risultano dal secondo capoverso della recensione.

L'inglese è:

1. ....

2. ....

3. ....

6. Il recensore alla fine del terzo capoverso afferma: 'Queste difficoltà si fanno di cemento nel passaggio dal capitolo di un libro (il quale ti consente sempre una sosta) al brano di un film, dalle parole che puoi "bloccare" sulla pagina alle immagini che inarrestabilmente ti investono.'

A quali dei seguenti aspetti si riferisce?

a. la crudezza con cui viene illustrata la lotta partigiana nel romanzo   O

b. l'atteggiamento neutro di certi soldati   O

c. il carattere antieroico dei fatti narrati   O

d. l'impossibile identificazione del lettore/spettatore   O

7. Indicate la parola che nel contesto di questa recensione risulta estranea nel gruppo.

arruolamento - occupazione - presidio - rastrellamenti - avversione - assalto

8. Rileggete il seguente passo del terzo capoverso e indicate quale delle frasi che seguono ne riassume meglio il significato.

... L'incidente dell'autocarro, la solitudine del paesino che accoglie Johnny, i sequestri (per necessità di vita) ai danni dei contadini, l'assalto ai magazzini "difesi" (si fa per dire) dai carabinieri sono quanto di meno eroico (o, al contrario, di sommamente eroico) si possa immaginare; e di anticinematografico, anche. Tolgono al lettore la possibilità di identificarsi con il personaggio (o, all'opposto, di odiarlo), di convivere sentimentalmente con la situazione prospettatagli ...

a. Alcune scene del film sono troppo violente per suscitare la partecipazione dello spettatore. ○

b. Le scene sono di un eroismo eccessivo, tanto da non risultare credibile per lo spettatore. ○

c. Lo stile narrativo crudo e antieroico del romanzo rende impossibile l'identificazione del lettore/spettatore con i personaggi. ○

9. Quella del partigiano è una figura ricorrente nel romanzo italiano del dopoguerra. Ricercate su internet o su un manuale di letteratura italiana informazioni su autori come Elio Vittorini e Italo Calvino e sui loro romanzi che trattano della lotta partigiana.

SCRITTORI E LETTORI

LETTURE IN CORSO 2

17. Nel paese delle meraviglie

18. Un libro che consiglio

19. Meglio la carta del microfilm

20. Stagione di premi

21. Il lettore superiore

22. Quando viaggiare era un'arte

23. Ardengo Soffici

24. Dante Alighieri

17. Nel paese delle meraviglie

In questo articolo scritto per la rubrica 'Weekend' del Venerdì, il supplemento settimanale del quotidiano La Repubblica, il giornalista Corrado Augias recensisce il volume Meraviglie d'Italia del Touring Club Italiano.

La mia Babele
di **Corrado Augias**

WEEKEND

Nel Paese delle meraviglie

HO TRA LE MANI UN VOLUME IMPAREGGIABILE edito dal benemerito Touring Club Italiano: *Meraviglie d'Italia*. La stampa accurata, la carta di pregio, la legatura, la grafica, tutto ciò che fa la materialità di un libro è al livello più alto e si fa dunque degno «recipiente» dei contenuti annunciati dal titolo. Cinque le sezioni in cui l'argomento è suddiviso: le piazze d'Italia, le cattedrali, ville e giardini, i castelli, le abbazie e i monasteri. Le piazze sono forse il capitolo più toccante, quelle piazze italiane che sono state e sono palcoscenici, luoghi del divertimento e del pettegolezzo e dove ci si raduna per condividere sentimenti collettivi (la politica, la religione, i lutti), luoghi (parlo dei Comuni e Principati) in cui avveniva il contatto tra il potere e i cittadini. Quasi tutte concentrate nel Centro-nord le piazze ritratte: Roma compare ben tre volte (Spagna, Campidoglio, Navona) ma poi ci sono Bologna e Firenze, Siena e Brescia, Spoleto e Lecce, Trieste, Perugia e San Gimignano. Tra le cattedrali segnalo subito le quattro del Meridione: Trani, Palermo, Lecce, Napoli. E poi le ville: da quelle dei laghi del

Meraviglie d'Italia
Touring Club italiano, pp. 359, grande formato, euro 65

nord a Bomarzo, Ravello, Bagheria. I sedici castelli, le quattordici abbazie e monasteri: da Montecassino a Monreale, da Chiaravalle a Pavia, da Matera a Palermo.

Flavio Conti firma il testo portante del volume con osservazioni abbastanza sorprendenti, nel senso dell'acutezza. Per esempio quando descrive «il senso della misura, dell'ordine, dell'umana dimensione che pervade la maggior parte delle realizzazioni». È stupefacente, e non a caso ha stupefatto molti viaggiatori stranieri, che un popolo disordinato come il nostro, con alle spalle una vicenda politica tutto sommato non esaltante, abbia saputo produrre un tale concentrato di bellezze. Sgorga anche da questo sbalordimento, il pregiudizio così diffuso all'estero che una cosa sia l'Italia, un'altra, molto diversa, gli italiani.

Altra osservazione che merita di essere riferita: «In questo paese della retorica, nulla meno della retorica ha attirato nei secoli gli artisti». Anche qui viene la domanda: come si spiega tutto questo? Chi siamo noi davvero? Siamo quelli del comportamento collettivo così spesso sconsiderato? O siamo quelli capaci di un tale senso della misura e dell'armonia? Un libro come questo non è solo un repertorio di bellezze, è anche uno strumento che suscita riflessioni, purtroppo molto attuali, nel momento in cui gran parte di questa ricchezza è stata inglobata in una Spa e messa così, con deplorevole cinismo, a repentaglio.

➤➤ da Il Venerdì, La Repubblica, 20 dicembre 2002

---

1. Per quanto riguarda il contenuto, l'articolo può esser suddiviso in quattro parti. Indicate l'inizio e la fine di ogni parte.

Suddivisione	Inizio	Fine
a. la forma materiale del libro	Ho tro	dal titolo
b. il contenuto del libro	Cinque le sezioni	a Palermo
c. le osservazioni di Flavio Conti sull'Italia e sugli italiani	Flavio Conti	gli artisti.
d. le riflessioni di Augias	Anche qui viene	repentaglio

2. Come può essere definito il giudizio dell'autore? Da quali elementi del testo lo si può evincere?

a. prudente
le osservazione di F. Conti

b. positivo
il contenuto

c. molto positivo
la forma

Elementi del testo: ....

3. Augias definisce il volume 'un repertorio di bellezze'. A che cosa si riferisce in particolare?

.... *Le pitture nelle cinque sezioni* ....

4. Indicate le parole che nel testo corrispondono alle seguenti proposizioni.

a. Che è stato pubblicato:
edito = published
.... *X che fu la materialità* .....

b. Di cui si fa una descrizione:
.... *ritratto* ....

c. Che commuove o colpisce:
touches   affect
.... *toccante* ....

d. Che suscita meraviglia:
gives rise to amazement
.... *stupefacente* ✓ ....

e. Che va condannato o biasimato:
condemn/censure   blame
.... *deplorevole* ✓ ....

5. Quale delle seguenti frasi riassume meglio il senso della riflessione di Flavio Conti, condivisa da Augias?

a. Gli Italiani sono molto creativi ma questo non li aiuta a dare ordine al paese.

b. I pregiudizi sugli italiani si basano su dati di fatto difficilmente confutabili.

✓ c. Nonostante l'apparente caos del paese, gli italiani dimostrano in ciò che realizzano un senso di misura e di ordine.

Società per azioni = "plc"

6. Che cosa significa la sigla 'Spa'? Consultate un dizionario. A cosa pensate che si riferisca l'autore dell'articolo dicendo che 'gran parte di questa ricchezza è stata inglobata in una Spa'?

Molti delle queste locardi sono messe a repentaglia, comme Venezia, e quando e publicato un libro che è solo un repertorio di bellezze, e possibile che il 'Mass-Tourism' cresce senza anche aiuto alla repentaglia

7. Nel testo vengono menzionate molte bellezze d'Italia e vengono indicate le rispettive località. Molti di questi monumenti sono oggi provvisti di un sito internet. Cercate informazioni (storia, stile architettonico, visite ecc.) su una delle abbazie o una delle ville menzionate nel testo.

18. Un libro che consiglio

In una lettera alla redazione della rivista online di attualità e cultura Diario *la lettrice Valeria Mondolfo racconta le sue impressioni sul romanzo* Gli anni incompiuti *di Sebastiano Mondadori. Nell'introduzione della lettera inviata alla rivista, essa si rivolge in particolare a Massimo Onofri, critico letterario e docente di Storia della Critica Letteraria, che collabora alla rubrica di recensioni librarie 'Libri, critici al lavoro' della rivista.*

diario.it

Caro Diario,

Mi rivolgo a Massimo Onofri come al nume tutelare di una categoria che la nostra civiltà va estinguendo nel proliferare di immagini televisive, la categoria degli scrittori. Lui che li va a scovare nei più riposti angoli d'Italia e nelle più remote case editrici è in grado di capire il mio entusiasmo per la scoperta avvenuta qualche giorno fa in libreria. Mi aggiravo tra i banconi affollati di pile dei soliti noti. Una Tamaro che attende risposte, un Eco perso nei meandri della storia, un Alberoni che la vecchiaia fa ancora più speranzoso e poi quel Brizzi che ha solo ventisette anni e minaccia un lunghissimo futuro di parti letterari. Quando all'improvviso mi ha cercato un sorriso. Un po' ironico, bellissimo, di un bambino. Era la copertina degli *Anni incompiuti* di Sebastiano Mondadori.

Non è stata una lettura facile all'inizio. Un romanzo che richiede pazienza, concentrazione, attenzione. Il contrario di una fiction tv, no? Man mano che la lettura procedeva mi disperdevo in una disperata, ma sempre lucida e inquietante, tempesta mentale che lentamente si è sciolta in un finale da brivido. Dopo tanta cerebralità non pensavo che sarebbe stata proprio la commozione il sentimento che mi è rimasto più addosso.

Mi piacerebbe riassumere in due righe la trama, solo che è difficile. Dirò solo che si parla di vita nel senso più assoluto del termine, il senso dell'esistenza consumato intorno alla vana ricerca di amore, identità, verità, memoria. Un libro scritto da un trentenne che mantiene la freschezza della sua età accompagnandola a una maturità che mi ha lasciata sbalordita. Come sono illuminanti i suoi ritratti femminili! Certi particolari perfetti, le descrizioni direi spietate, con cui scava dentro queste donne che sembra di averle già conosciute. Insomma un libro secondo me importante che nel mio piccolo ho già consigliato alle mie amiche, ma che vorrei tanto che leggesse anche mio figlio che di Mondadori è coetaneo.

Valeria Mondolfo

Sebastiano Mondadori
Gli anni incompiuti
farfalle Marsilio

da www.diario.it, 2001

1. Perché il critico letterario Massimo Onofri è definito 'nume tutelare' della categoria degli scrittori?

   ....

2. 'I banconi affollati di pile dei soliti noti' sono:

   a. banchi pieni di libri di scrittori affermati   ☑
   b. banchi pieni di libri tutti uguali   ○

3. Com'è la copertina del libro di Sebastiano Mondadori?

   ....

4. Con quali aggettivi può essere definito il romanzo di Sebastiano Mondadori? Quali fra le parole o espressioni che seguono non si addicono agli *Anni incompiuti*?

                     ✗   ✗

   lucido - inquietante - cerebrale - leggero - sentimentale - commovente

5. Che cosa sapete del contenuto del romanzo? Sottolineate nel passo che segue le frasi che vi sembrano più rilevanti.

   ... Dirò solo che si parla di vita nel senso più assoluto del termine, il senso dell'esistenza consumato intorno alla vana ricerca di amore, identità, verità, memoria. Un libro scritto da un trentenne che mantiene la freschezza della sua età accompagnandola a una maturità che mi ha lasciata sbalordita. Come sono illuminanti i suoi ritratti femminili! Certi particolari perfetti, le descrizioni direi spietate, con cui scava dentro queste donne che sembra di averle già conosciute ...

6. Quali informazioni su Valeria Mondolfo potete ricavare dall'ultima frase della lettera?

   ....

7. Parafrasate in italiano o nella vostra madrelingua le espressioni che seguono.

   a. il nume tutelare:

   ....*il angelo custode*...

   b. i più riposti angoli:

   ....*nei posti più lontani*...

c. un finale da brivido:

.............................Una frenata improvvisa.............................

d. nel mio piccolo:

(nel) a mio *(mia)* avviso (opinione)

8. Cercate informazioni sugli autori nominati nella lettera le quali servano a chiarire il significato delle affermazioni seguenti. Potete consultare un dizionario, internet, o un'enciclopedia.

Susanna
a. una Tamaro che attende risposte

....

Umberto
b. un Eco perso nei meandri della storia

....

Francesco
c. un Alberoni che la vecchiaia fa ancora più speranzoso

....

Enrico
d. quel Brizzi che ha solo ventisette anni e minaccia un lunghissimo futuro di parti letterari

....

19. Meglio la carta del microfilm

Questi sono il titolo e le foto che introducono un articolo tratto da La Repubblica del 9 aprile 2001, in cui si affronta il tema della conservazione dei libri. L'articolo prende spunto dalla polemica nata negli Stati Uniti a proposito della modalità di conservazione dei libri su microfilm, che nei decenni passati ha permesso di distruggere migliaia di volumi. Segue un'intervista della giornalista Francesca Giuliani a Marco Palma, docente di Paleografia all'università di Cassino.

Polemica negli States sulla conservazione dei volumi registrati su pellicola e mandati al macero. La cellulosa è più deperibile del foglio.

Libri, meglio la carta del microfilm

1. Guardate la foto e leggete i titoli. Quali pensate che siano i temi principali della discussione in corso?

    a. problema: *Come conservare la quantità di materiale scritto che è prodotto oggi*

    b. argomenti a favore dei microfilm: *Non prende meno multo spazio che i libri*

    c. argomenti contrari: *I microfilm non durano abbastanza tempo che le originali e trascurano la materialità degli originali.*

    d. conclusione: *Come si dice in Inglese, differenti cavali per differenti piste*

2. Segue ora l'intervista, intitolata 'Così rischiamo di dimenticare molti materiali del passato'. Provate a mettere insieme le domande (a-h) e le risposte (1-8).

    a. ...5...   c. ...7...   e. ...8...   g. ...3...

    b. ...4...   d. ...1...   f. ...2...   h. ...6...

L'ESPERTO

"Così rischiamo di dimenticare molti materiali del passato"

a ROMA - Trasferire montagne di libri e vagoni di giornali su microfilm è stato un errore? Professor Marco Palma, lei è docente di Paleografia all'università di Cassino e studioso di manoscritti medievali, cosa ne pensa?

b Ma è proprio vero che i microfilm si deteriorano più della carta?

c La conservazione dei libri si divide attualmente tra digitale, microfilm e carta. In Italia dove viene conservato cosa?

d Non c'è un modo di conservare i libri "ibernandoli", evitando l'usura del tempo?

e Ma è vero che sono gli acidi i maggiori responsabili del deterioramento della carta?

f Parrebbe quasi che i manoscritti antichi in pergamena siano stati in grado di resistere al tempo meglio dei libri su carta. È così?

g C'è l'"oggetto libro" e la sua storia, e poi c'è la scrittura, la grafia stessa che ha un'importanza non da poco...

h Qual è il futuro dei libri, di questa somma di testimonianze?

---

1 «La conservazione ideale è quella che ne riduce l'uso. Umidità, temperatura, illuminazione sono i fattori determinanti. L'optimum sarebbe che si conservasse una copia da non consultare per ogni libro esistente, da tenere per i posteri. Fra qualche decennio o tra qualche secolo potrebbe essere interessante vedere come era fatto un libro o un giornale del 2000. L'aspetto materiale non va trascurato».

2 «Sì, la pergamena è più resistente della carta, i manoscritti membranacei, di conseguenza, più resistenti anch'essi. Basti pensare ai rotoli del Mar Morto o ai papiri di epoca precristiana, arrivati fino a noi proprio per le condizioni di conservazione».

3 «Certamente. Basti pensare a due personaggi come Petrarca e Boccaccio. Loro erano in grado di utilizzare scritture diverse a seconda della funzione e dei destinatari di ciò che scrivevano. L'importanza della grafia era seconda soltanto al testo stesso».

4 «Dipende tutto da come sono conservati e da quanto si usano. Certamente un microfilm di cinquant'anni fa si vede piuttosto male, ma un libro conservato in casa può essere ancora ben leggibile».

5 «Questo è il compito degli archivi e delle biblioteche. Ma vorrei dire che è molto urgente anche affrontare le modalità di conservazione del materiale digitale, quello che rischia di perdersi perché realizzato su supporto informatico, dai giornali in rete al lavoro di scrittura di un romanzo nelle sue varie stesure. In passato testimonianze così erano conservate perché su carta, ora gli scrittori lavorano su computer. E del loro processo creativo non resta traccia. Si dovrebbe tentare di conservarlo. Sono testimonianze di cultura. Quando si fa cultura si fa storia e, se non ti preoccupi della conservazione, alla fine uccidi la storia stessa».

6 «Un equilibrio regolato dal tipo di uso che si deve farne. A chi serve solo il testo, i microfilm o il digitale. A chi cerca il senso della testimonianza "materiale", il giornale o il libro. L'importante è non vietare mai l'accesso diretto a queste testimonianze».

7 «Il microfilm è un modo di conservazione in molti casi ancora utile, specialmente se ad interessarci è soprattutto il testo. Ma non dimentichiamo che in futuro qualcuno potrà voler sapere come era fatto un libro o un giornale dei nostri tempi. Perché è una testimonianza di cultura, proprio come ora lo è per noi lo studio, per esempio, di un incunabolo».

8 «Sì ma anche le cattive condizioni di conservazione più in generale. Alcune strutture specialistiche come l'Istituto centrale per la patologia del libro, sono in grado di praticare su un libro un sistema di "invecchiamento artificiale". Mettendo un volume a temperatura molto elevata e ad alta umidità si vede come potrà deteriorarsi».

da La Repubblica, 9 aprile 2001

3.   Indicate per ognuno dei verbi sottostanti il rispettivo sostantivo. Potete consultare un dizionario.

trasferire   **trasferimento**

invecchiare   _invecchiamento_

conservare   _conservazione_

testimoniare   _testimonianza_ / _testimone_

deteriorare   _deterioramento_

rovinare   _rovina_ / _rovinamento_ ?

distruggere   _distruzione_

4.   Parafrasate in italiano o nella vostra madrelingua le espressioni in neretto.

a. l'aspetto materiale **non va trascurato**: _non va tralasciato_
   [should not be neglected] [deve esse]

b. il materiale digitale, quello che **rischia di perdersi**: _è in possibile di diventare forse_
   [andare x]

c. la grafia stessa ha un'importanza **non da poco**: _abastanza importante_
   [no] [little]

20. Stagione di premi

Nel testo Maria Pia Ammirati, scrittrice esordiente e autrice del romanzo I cani portano via le donne sole, *racconta a Giulia Mozzato come è entrata nella rosa dei finalisti, cioè nella prima selezione del Premio Strega. Altri premi letterari famosi, accanto al Premio Strega, sono il Premio Campiello e il Premio Grinzane Cavour.*

Stagione di premi. Campiello, Grinzane e Strega

È tempo di premi. Primavera ed estate portano con sé anche le finali e le premiazioni di numerosi concorsi letterari italiani, i più importanti. Dal Campiello al Grinzane Cavour, allo Strega. Se per i grandi della letteratura italiana l'essere tra i selezionati possibili vincitori può essere quasi "normale amministrazione", per gli esordienti o poco più, può trattarsi di un'avventura, faticosa, impegnativa ma senza dubbio entusiasmante. Abbiamo chiesto a Maria Pia Ammirati, entrata nella rosa dei finalisti nella prima selezione del Premio Strega, di raccontarci questa esperienza.

1. L'avventura del Premio Strega per un'autrice quasi agli esordi, con un titolo pubblicato da una piccola casa editrice. Puoi raccontarci questa esperienza?

È una grande e faticosa esperienza. Il meccanismo dello Strega prevede una promozione in proprio del libro attraverso il contatto con i 400 giurati e una competizione diretta, un vero scontro nell'arena, con i colossi editoriali. Però c'è un particolare che mi ha colpito nella mia avventura di esordiente in narrativa, dopo due libri di critica letteraria ho scoperto con stupore che esistono i lettori. Da critico il lettore dei tuoi libri è sempre un collega, una persona che parla il tuo linguaggio. Il lettore di romanzi è un'altra cosa, è una persona sconosciuta, disponibile, curiosa, attenta, affettuosa, che arriva a ringraziarti per quello che hai scritto. Insomma io ho scoperto il lettore con mia massima soddisfazione e il Premio Strega ha amplificato il potenziale dei lettori.

2. Com'è nato e quando "I cani portano via le donne sole"?

Il romanzo è nato da una parola. Una mattina, dopo varie prove narrative "deboli" e la pubblicazione su rivista di un racconto, finalmente mi sono svegliata con una parola che mi ronzava in testa. Mi sono seduta alla scrivania e ho scritto la prima pagina. Da quel giorno sono passati tre anni prima di chiudere il romanzo. Tre anni di scrittura, riscrittura e limature continue. A quel punto mi sono messa alla ricerca dell'editore, e ci sono voluti altri tre anni prima di trovare un editore disposto a pubblicare un libro che intanto aveva raccolto, in bozze, i consensi di autorevoli critici letterari. Un giorno mi metterò a contare tutti i rifiuti editoriali e scriverò una storia parallela di come, con ostinazione, si può e si deve arrivare alla pubblicazione del libro a cui credi senza riserve.

3. Com'è entrato nel novero dei titoli selezionati per lo Strega?

Allo Strega si arriva attraverso la presentazione di due "amici della domenica" all'organizzazione del Premio, che valuta il libro e lo dichiara idoneo ad entrare tra i dieci o gli undici candidati. I miei due presentatori sono stati Walter Pedullà e Elisabetta Rasy, due critici che hanno sempre appoggiato il romanzo.

4. L'essere nella rosa dei finalisti ha comportato una maggiore considerazione della critica nei confronti del tuo romanzo, o era già stato segnalato e recensito in precedenza con la dovuta attenzione?

L'annosa, e noiosa, questione sull'utilità dei premi letterari si pone forse per i grandi editori e per gli scrittori affermati. Uno scrittore giovane e un editore piccolo (e in Italia la piccola editoria è una realtà importante e non trascurabile) possono solo trarre vantaggi dai Premi. Sono sicura che lo Strega ha fatto, si direbbe, da traino e per questo, dalla candidatura in poi, si sono moltiplicate le attenzioni della stampa e degli altri mezzi di comunicazione (infatti siamo arrivati alla seconda edizione). Del resto l'attenzione verso un libro oggi si può determinare o attraverso un investimento pubblicitario e di comunicazione forte, o attraverso, caso rarissimo, la costruzione del caso letterario. Il mio editore non è in grado di sostenere battaglie promozionali miliardarie e per il caso letterario ci stiamo attrezzando. A partire proprio dallo Strega.

a cura di Giulia Mozzato

1. Nella risposta alla prima domanda Maria Pia Ammirati racconta la sua esperienza. Che cosa potete dedurre da ciò che racconta? Tra le affermazioni che seguono indicate quelle che vi sembrano vere.

   a. A decidere chi entra nella selezione dei finalisti sono soltanto le grandi case editrici. ○

   b. Prima di scrivere un romanzo Maria Pia Ammirati ha scritto due libri di critica letteraria. ☑

   c. Il lettore dei testi di critica parla lo stesso linguaggio del lettore di romanzi. ○

   d. Grazie al Premio Strega è cresciuto il pubblico che l'Ammirati può raggiungere. ☑

2. Come è nato il romanzo *I cani portano via le donne sole* secondo l'autrice? Mettete le varie frasi nell'ordine giusto.

   a. Ha fatto leggere il romanzo ad alcuni critici letterari.
   3 b. Si è seduta alla scrivania e ha cominciato a scrivere.
   4 c. Per finire il romanzo ci sono voluti tre anni.
   2 d. Si è svegliata un giorno con una parola che le ronzava in testa.
   e. Dopo tre anni è riuscita a trovare un editore disposto a pubblicare il romanzo.
   1 f. Varie prove narrative hanno preceduto il romanzo.

   ordine giusto: 1. ...F..., 2. ...D..., 3. ...B..., 4. ...C..., 5. ...E..., 6. ...A...

3. Leggete il passo in cui l'autrice racconta come si fa ad entrare nel numero dei finalisti selezionati. Completate il breve testo che segue con le parole appropriate.

Walter Pedullà e Elisabetta Rasy, due ....*critici*............ letterari che hanno

......*appoggiato*....... il romanzo, lo hanno ...*presentato*.......... all'organizzazione del Premio,

che deve ....*dichiare*........... idoneo il libro ad entrare tra i dieci o gli undici

....*candidati*..........

4. Qual è secondo Ammirati il vantaggio principale dei vari premi letterari come lo Strega per un piccolo editore? Indicate la frase o le frasi chiave della quarta risposta che vi sembrano più rilevanti a tale proposito e scrivetele nello spazio che segue.

scrittore
Una giovane e un editore piccolo possono solo trare vantaggi dai Premi

nata 1963
lo Strega tra falta da traino e per questo si sono moltiplicate le attenzioni della stampa e degli altri mezzi di
comunicazione

5. Leggete la parte finale dell'intervista, a partire da: 'Del resto l'attenzione verso un libro oggi'. Spiegate, in italiano o nella vostra madrelingua, che cosa intende dire l'autrice.

6. Cercate nel testo almeno cinque parole collegate con il concetto di 'concorso letterario'.

1. **premi**................,   4. *competizione*..........,   *candidatura*

2. *rosa dei finalisti*.,   5. *scontro nell'arena*..,

3. *prima selezione*,   6. *presentazione*......,

7. Chi ha vinto di recente il Premio Campiello, lo Strega e il Grinzane Cavour? Cercate informazioni su internet.

Venice   *Rome*   *1981*
1963   *1947*   *Piedmont*

21. Il lettore superiore

Questo testo dello scrittore Stefano Benni (Bologna, 1947) è apparso su EFFE, la rivista delle librerie Feltrinelli. È il secondo di una serie di cinque ritratti in chiave satirico-comica, con i quali Benni ironizza sulle attitudini di certi italiani nei confronti della lettura e della cultura in genere.

Seconda puntata. Psicopatologia del Lettore Quotidiano di Stefano Benni

Il lettore superiore (Lector elitarius)

1 Ci occuperemo in questa puntata del Lettore Superiore. Questo lettore, oltre che dagli occhiali e dal colore del viso, tra il bianco Fabriano e il giallo pergamena, è riconoscibile dall'espressione di spregio e disgusto con cui si aggira tra gli scaffali della libreria. Egli ha infatti letto e riletto tutta l'umana grafomania, raccolta nella sua biblioteca di un milione di volumi che nessuno ha mai visto, ma di cui lui assicura l'esistenza. Al termine di questo Giudizio Letterario Universale, egli non salva che tre o quattro rarissimi e scelti autori. Il resto è un magma cartaceo che lo schifa, ma in cui ama tuffarsi per una sublime forma di perversione.

2 Eccolo perciò entrare in libreria come in un tunnel dell'orrore, sospirare addolorato vedendo una copertina che lo disturba, gemere di raccapriccio davanti alle pile di scrittorucoli circostanti. Talvolta, arricciando il labbro, si avvicina a un volume, lo solleva per un angolo, come fosse il cadavere di un topo, legge la prima pagina e lo lascia ricadere con espressione schifata. Alcuni Lettori Superiori particolarmente teatrali simulano conati di vomito o reazioni allergiche quali asma e prurito.

3 Soltanto nella zona dei Libri Superiori, da lui individuata in angolo apposito, egli si placa per raggiungere l'Unico Degno, il Solo Leggibile, il Vero Autore, Kostantin Markus Swolanowsky. Trovatolo sullo scaffale, lo sfiora con le dita e poi volge intorno uno sguardo di rimprovero che coinvolge:
a) i lettori che non comprano abbastanza Swolanowsky;
b) i librai che non l'hanno messo nella dovuta evidenza;
c) la cultura occidentale in genere.

4 Il Lettore Superiore diventa particolarmente pericoloso quando si accompagna, in veste di Consigliere, a un Lettore Normale. In questo caso il protocollo è il seguente: il Lettore Normale si avvicina timidamente ad un libro, lo sfoglia, poi volge gli occhi verso il Consigliere. Se incontra un'occhiata di disapprovazione, posa il libro e prosegue. Attraversa chilometri di volumi, sempre marcato strettamente e sempre dissuaso. Timidamente indica un libro, lassù sullo scaffale, che forse lo interesserebbe. Ma il commento del Consigliere è sempre lo stesso "Robetta, ciarpame, scrittore improvvisato, romanzuccio stantio".

5 A questo punto il Lettore Normale si dirige tristemente verso il reparto Libri Superiori, dove rassegnato si lascia mettere in mano il terzo Swolanowsky mensile. Ma non è finita qui! Dopo dieci minuti il Lettore Normale rientra in libreria da solo, e si dirige svelto e furtivo verso il reparto Libri di Fantascienza. Ne compra otto, più due gialli e un horror di duemila pagine. Illuso! Da dietro la pila di best-sellers ove era in agguato, sbuca il Lettore Superiore. Il Lettore Normale viene privato del suo acquisto, redarguito, a volte picchiato, ed esce con un ennesimo Swolanowsky in tasca.

6 Se siete un Lettore Normale, e siete perseguitato da uno di questi individui, c'è un solo modo per liberarvene. Quando vi trovate in sua compagnia, acquistate l'opera omnia dello Swolanowsky e poi, saltando come un canguro, dirigetevi verso la cassa urlando: "Adoro Swolanowsky, è mitico, me l'ha consigliato questo mio amico, per me è come farsi una pera, peccato che non faccia televisione, lo legga signore, compri *Sera in campagna*, c'è la descrizione di un campanile che Proust non gli fa neanche un baffo, e poi è gagliardo come racconta le cene, fa venire un appetito che non le dico, io ogni volta che lo leggo devo farmi un'amatriciana". Quindi sbottonatevi la giacca sotto la quale avrete indossato una maglietta con l'effigie di Swolanowsky e iniziate ad urlare, sull'aria di un coro calcistico:"Alé - oh - oh, Swolanowsky oh - oh!".

7 Dopo pochi minuti di questo show, sicuramente vedrete il Lettore Superiore sgattaiolare via, fingendo di non conoscervi. Se proprio volete assaporare il trionfo, gli avrete infilato in tasca, a sua insaputa, il libro di fantascienza *Le vergini verdi di Andromeda*. Egli farà risuonare l'allarme e verrà redarguito davanti a tutti con la seguente frase: "Va bene che lei ha la passione dei libri di fantascienza, ma non è un buon motivo per rubarli".
La vostra vendetta sarà di qualità superiore.

Stefano Benni

da EFFE, n. 2, 18-2-2003, www.lafeltrinelli.it

1. Cercate su un'enciclopedia o su internet le risposte alle domande seguenti.

   a. Che cosa è il bianco Fabriano (capoverso1)?
   b. Come si spiega il significato del Giudizio Letterario Universale (capoverso 1)?
   c. A che cosa si riferisce il 'magma cartaceo' nel primo capoverso?
   d. Quali sono gli ingredienti di un'amatriciana (capoverso 6)?

2. Spiegate, in italiano o nella vostra madrelingua, il significato delle parole seguenti.
   Indicate anche la parola di base da cui derivano.

   a. scrittorucoli (capoverso 2)

b. robetta (capoverso 4)

Nome forse trattando con condiscendenza
piccola Robot feminile?

c. romanzuccio (capoverso 4)

"Thriller"?

d. maglietta (capoverso 6)

T-shirt – Un tipo di canottiera, normale bianco, spesso con
un quadro o messogio impresso.

3. Paratrasate le espressioni che seguono.

a. volge intorno uno sguardo di rimprovero (capoverso 3):

fa una smorfia, non perfetamente nascosta, di riprovazione

b. in veste di Consigliere (capoverso 4):

in ruolo di consulente

c. non è finita qui (capoverso 5):

Dobbiamo aspettare
(Aspetiamo) un episodio seguente

d. ove era in agguato (capoverso 5):

dove era presso in trappola

e. un ennesimo Swolanowsky (capoverso 5):

un Swolanowsky per le centomila volte.

f. assaporare il trionfo (capoverso 7):

gustare lungo ed profundo ël senso della victoria

g. a sua insaputa (capoverso 7):

senza sua conoscenza.

4. Completate questo profilo del Lettore Superiore.

Il lettore superiore è riconoscibile da *ll'espressione di spegio e disgusto con cui*. Ha letto *tutta l'umana grafomania*

Entra in una libreria come se *andare in un tunnel dell'orrore*. È contento solo quando *e arrivato nella zona del le superior*

È pericoloso quando *si accompagna, in veste di consigliere, a una Lettore Normale*

5. Scorrete il testo e indicate le espressioni con cui ci si riferisce ai libri.

1. **volumi**

2. *tutta l'umana grafomania*

3. *magma cartaceo*

4. *pile di scritorucoli*

5. *ciarpame -- romanzuccio stento*

6. *gialli e un horror di duemila pagine*
   best-sellers
   libro di fantascienza

6. Questo testo si caratterizza per lo spirito ironico, la ricchezza di espressioni enfatiche e di esagerazioni. Indicate alcuni esempi di accostamenti lessicali creati da Benni per ottenere un effetto paradossale quali 'il Lettore Superiore'. Citate poi alcune espressioni che trovate particolarmente divertenti.

l'umana grafomania, Giudizio Letterario Universale, magma cartaceo, scritorucoli circonstanti,

l'Unico Degno, il Sole leggibile, il Verо Datore, in veste di Consigliere, romanzuccio stento,

7. Per contribuire all'effetto ironico, Benni si serve frequentemente di coppie di parole il cui significato è molto vicino, come nel primo esempio che segue. Cercate nel testo altre coppie simili.

1. **spregio e disgusto**

2. *svelto e furtivo*

3.

4.

5.

8. Chi pensate che sia Swolanowsky?

È un creatore da Benni, un autore [polacco] *falso immaginario, come* [forse] *Solchenitsyn,*

9. Cercate su un'enciclopedia o su internet informazioni su Stefano Benni e sulle sue opere.

22. Quando viaggiare era un'arte

In questo articolo si recensisce uno studio di Attilio Brilli sul 'Grand Tour', il viaggio che i giovani di buona famiglia europei, in particolare britannici, intraprendevano nel '700 e nell'800 per completare la propria educazione intellettuale. L'Italia ne costituiva la destinazione obbligatoria.

ATTILIO BRILLI, *Quando viaggiare era un'arte. Il romanzo del Grand Tour*, Bologna, Il Mulino, 1996, pp. 182

1 Il fenomeno del Grand Tour è indagato dal B. nel suo aspetto 'ideologico' e, soprattutto, in quello materiale (itinerari, stazioni di posta, bagagli, vetture, disagi e delizie del viaggiare). Molto informato, il libro si snoda disinvoltamente tra le proprie fonti (l'ampia messe di diari, guide, lettere, ricordi di viaggiatori) e, con fare accattivante, accompagna il lettore nella pratica, oggi perduta, dell'arte del viaggiare, arte che richiedeva grande pazienza e capacità organizzativa: un notevole impegno, appunto, di energie materiali e intellettuali da spendere senza far ricorso alle scorciatoie della velocità e della fretta odierne. Gran Tour è sinonimo, per gli inglesi, che sono i quasi esclusivi protagonisti del libro, del viaggio continentale il quale a sua volta tende a identificarsi con la lunga e ambita tappa italiana. Edward Gibbon — ricorda l'autore — «ci dà una sorta di epitome del viaggio italiano»: Torino, Milano, Genova interessano poco il viaggiatore settecentesco; di più lo attraggono le gallerie dei Farnese e degli Estensi, ma gli Uffizi e Firenze meritano la sosta dei caldi mesi dell'estate. Quindi il viaggio, viste le altre città toscane, prosegue per la via di Siena verso Roma, fonte di indicibili commozioni ed ebbrezze, emblematizzate, nel racconto di Gibbon, da una passeggiata notturna nei Fori; Napoli invece, popolosa e confusa, sta sospesa, come sempre, tra il paradiso e l'inferno. L'itinerario del ritorno, dopo Roma, tocca Loreto e la costa adriatica, ripiega quindi su Bologna e da qui punta a Venezia e ai monumenti palladiani delle città venete. La Lombardia, Milano e Torino sono ancora distrattamente attraversate prima di imboccare di nuovo gli avventurosi passi alpini.

2 Ma qual è questa idea del viaggio nuova e moderna che comincia ad affermarsi dalla fine del Seicento e che segnerà il XVIII secolo, e anche buona parte di quello successivo, come moda del Grand Tour? La differenza tra i *grandtourists* e i viaggiatori del passato (pellegrini, studenti, oltre che, naturalmente, mercanti e banchieri) consiste nel fatto che il raggiungimento della meta (Roma, per il pellegrino, gli atenei italiani o le piazze degli affari, per gli altri) non esaurisce tutto lo scopo del viaggio. Il viaggio in quanto scoperta di cose nuove, stimolo alla curiosità e al confronto con il diverso da noi, svezza la gioventù dalla compagnia di zie e nonne — come scriveva lo Sterne — e la fa uscire dall'angusta stanza dei bambini. «L'arte della vita con gli altri non s'impara in uno studio» — rincarava il Gibbon, e già Locke pensava che il Grand Tour giovasse alla formazione della nuova classe dirigente, sicura di sé e capace di districarsi nell'amministrazione delle proprie risorse e dello Stato.

3 In un'ottica meno pragmatica e più *philosophique*, il viaggiare settecentesco è giustificato, però, dalla ricerca dell'uomo naturale, da quanto cioè di intimamente connesso alla natura umana si rassomiglia da un capo all'altro dell'universo, sotto la scorza di volta in volta cangiante della diversità dei costumi. Da questa ideologia l'autore fa discendere la propensione estetica del secolo d'oro dei viaggi verso l'uniforme, la sua indifferenza nei confronti di tutto quanto può eccedere una ricercata medietà: il paesaggio alpino, ad esempio, è descritto in maniera «sbrigativa e stereotipa». Il privilegio di esaltarsi dinanzi all'orrido, al sublime, al pittoresco del paesaggio resta riservato al viaggiatore romantico.

4 Queste premesse teoriche, tuttavia, sono soltanto introduttive al libro del B., che è dedicato, si è detto, principalmente ad illustrare gli aspetti materiali dell'arte del viaggiare, con intento, crediamo, divulgativo, ma non banalizzante.
[*A. Di Ricco*]

sources

1. Su quali fonti si è basato l'autore del libro in questione (capoverso 1)?

   l'ampia messe di diari, guide, lettere, ricordi di viaggiatori

2. Nel testo vengono indicate quelle che furono tappe tradizionali del viaggio in Italia. Cercate di ricostruire il percorso di andata e di ritorno (capoverso 1).

   Percorso di andata

   Torino, Milano, Genova
   le gallerie dei Farnese, Estensi, e gli Uffizi
   Firenze
   le altre città toscane
   di Siena verso Roma (Fori)
   Napoli

   Percorso di ritorno

   Loreto e la costa adriatica
   Bologna
   Venezia Città venete (Monumenti Palladiani)
   La Lombardia, Milan Torino
   Passi Alpini

3. In che cosa consiste la differenza tra il viaggio italiano dei 'grandtourists' e quello dei viaggiatori dei secoli precedenti (capoverso 2)?

4. Il 'Grand Tour' viene esaminato dall'autore del libro recensito sia sotto l'aspetto ideologico che sotto l'aspetto materiale. A che cosa ci si riferisce in particolare nell'articolo? Indicate le parole chiave relative ai due aspetti basandovi sul testo.

Aspetto materiale (capoverso1)	Aspetto ideologico (capoverso 2)
a. *itinerari*	f. *la differenza tra i grandtourists e i viaggiatori del passato*
b. *stazioni di posta*	g. *gli destinazioni per pellegrini, studenti e genti d'affari*
c. *bagagli*	h. *Il viaggio che svezza la gioventù dalla compagnia di zie*
d. *vetture*	i. *Era giovane alla formazione della nova classe dirigente*
e.	l.

5. Cercate un sinonimo per ciascuna parola in neretto basandovi sul primo capoverso del testo.

    a. Il fenomeno del Grand Tour è **indagato** da Brilli nel suo
       aspetto 'ideologico' e soprattutto in quello materiale: *documentato*

    b. disagi e **delizie** del viaggiare: *i piaceri / gioie*

    c. la lunga e **ambita** tappa italiana: *sufficiente, adeguata, genera*

    d. Roma, fonte di **indicibili** commozioni: *indescrivibile*

6. Parafrasate in italiano o nella vostra madrelingua i passi seguenti.

    a. molto informato il libro si snoda disinvoltamente tra le proprie fonti (capoverso 1)

       bene documentato questo lavoro girovaga per gli documenti pertinente

    b. Napoli invece, popolosa e confusa, sta sospesa, come sempre, tra il paradiso e l'inferno (capoverso 1)

    c. sotto la scorza di volta in volta cangiante della diversità dei costumi (capoverso 3)

    d. la sua indifferenza nei confronti di tutto quanto può eccedere una ricercata medietà (capoverso 3)

    e. intento, crediamo, divulgativo, ma non banalizzante

7. In che cosa consiste secondo l'autore la principale differenza tra il 'grandtourist' e il viaggiatore romantico del tardo Ottocento (capoverso 3)?

....

8. Nel testo si trovano alcuni riferimenti a personaggi storici. Cercate su un'enciclopedia delle informazioni su:

a. i Farnese   *Parma*
                    Padua + Rome

b. gli Estensi   *Ferrara*
        festa

c. Palladio

Pettegolezzi = gossip.

23. Ardengo Soffici

I testi che seguono trattano del pittore e scrittore toscano Ardengo Soffici (1879-1964). Il pri[mo] articolo è tratto dall'Enciclopedia della letteratura Garzanti. Il secondo è la parte iniziale [di] un articolo di Vittoria Corti scritto in occasione di due grandi mostre dedicate a Soffici.

1. Il movimento futurista italiano ebbe grande importanza nell'esperienza artistica di Ardengo Soffic[i]. Cercate su un'opera enciclopedica delle informazioni su questo movimento artistico.

Soffici Ardengo (Rignano sull'Arno, Firenze, 1879 - Forte dei Marmi, Lucca 1964) pittore e scrittore italiano. Fu uno dei primi intellettuali italiani che si trasferirono a Parigi per operare a contatto con le correnti artistiche più innovative. Dopo aver vissuto nella capitale francese tra il 1899 e il 1907, tornò in Italia, e prese parte al movimento della rivista "Leonardo", mentre la sua pittura conservava l'eco dell'esperienza dei nabis e di P. Cézanne. Attaccò violentemente, sulla «Voce», il futurismo (1910); poi diventò egli stesso un seguace di F.T. Marinetti e in «Lacerba», la rivista fondata con G. Papini, si batté, sia con gli scritti sia attraverso le sue opere pittoriche (*Cocomeri e liquori*, 1914), per una riduzione del futurismo al cubismo. Dopo la grande guerra (cui partecipò come volontario) fu tra i più decisi fautori del ritorno all'ordine, accampandosi su posizioni contrassegnate da un tenace sciovinismo culturale, dalla esaltazione dei modelli classici (soprattutto il Quattrocento toscano) e da scelte tematiche accentuatamente regionalistiche (*Donne toscane*, 1924; *Processione*, 1933). L'itinerario di S. pittore e teorico dell'arte si riflette puntualmente nell'opera in versi: dallo sperimentalismo di *Bif & zf 18, Simultaneità e Chimismi lirici* (1915), che è una trasposizione dei calligrammi di G. Apollinaire, alla esteriore e frigida aulicità di *Marsia e Apollo* (1938). Ma la parte più valida dello scrittore è nelle prose diaristiche, descrittive e di memoria (*Arlecchino*, 1914; *Giornale di bordo*, 1915; *Kobilek: giornale di battaglia*, 1918; *La giostra dei sensi*, 1919), dove la scrittura franta e impressionistica perseguita dai vociani si arricchisce di un senso innato del colore e del bozzetto. Ma spesso tali doti genuine sono snaturate da velleità filosofico-moralistiche, come appare in modo fin troppo evidente dal romanzo autobiografico *Lemmonio Boreo* (1911) e, in minor misura, dalle prose tarde di *Itinerario inglese* (1948), *Passi tra le rovine* (1952), e *D'ogni erba un fascio* (1958).

Notevoli i suoi saggi di critica d'arte, fra i quali *Il caso Rosso e l'impressionismo* (1909) – che costituì una vera e propria scoperta dello scultore torinese Medardo Rosso –, *Cubismo e futurismo* (1914), *Estetica futurista* (1920), *Giovanni Fattori* (1921), *Armando Spadini* (1926).

La prima edizione del poema «Elegia dell'ambra» di A. Soffici

2. Il *Leonardo*, *La Voce* e *Lacerba* erano tutte e tre riviste d'avanguardia culturale. Indicate se le seguenti affermazioni sono vere o false.

	vero	falso
a. *La Voce* era futurista.	O	☑
b. Soffici e Papini fondarono *Lacerba*.	☑	O
c. Soffici attaccò il *Leonardo*.	O	☑

3. Co... ...andovi sul testo.

...ferì a Parigi per ...*offerire a contatto con le correnti artistiche più innovative*

...lia e ...*prese parte al movimento della rivista "Leonardo"*

...n ...*seguace*... di Marinetti.

...o come volontario ...*alla grande guerra*...

...guerra fu tra i fautori del ...*ritorno all'ordine*...

...di classificare le opere di Soffici menzionate in questo testo, in base alle definizioni del
...e schema.

a Sperimentale	b Diaristico	c Filosofico-moralistico
al movimento della rivista Leonardo	*Arlechino, 1914: Giornale di bordo;*	*Lemmonio Boreo 1911, e in minor misura*
il futurismo, seguace di Marinetti	*Kobilek: giornale di battaglia 1918;*	
...	*La giostra dei sensi 1919.*	

5. Le frasi sottostanti formano insieme i primi tre capoversi dell'articolo di Vittoria Corti scritto a tren-
t'anni dalla scomparsa di Soffici. Ricostruite i tre capoversi riordinando le frasi.

Ardengo Soffici, a trent'anni dalla morte due grandi mostre per studiare il personaggio e definire la sua importanza nella storia del '900

a. Abbiamo sotto gli occhi tutto Soffici: prima dentro le avanguardie fiorentine all'inizio del secolo, poi la prima guerra, indi il ventennio fascista, poi il campo di concentramento, infine la democrazia infetta di malgoverno e di distorsioni informative in specie nel campo culturale.

b. Luigi Cavallo ha il merito di avere raccolto, ordinato, studiato, commentato e fatto commentare una gran mole di documenti che riguardano Soffici.

c. Senza di lui la storia intellettuale del secolo sarebbe stata diversa.

d. Questo apparato serve a dare chiarezza e serietà alle due grandi mostre recenti: una alla villa di Petriolo, a Rignano sull'Arno dove Soffici nacque, e una a Poggio a Caiano, dove visse.

e. I programmi di allora sono stati, ormai da tanto tempo, rinnegati, ma il fascino di quel periodo dura ancora.

f. L'invito è a prendere in considerazione l'intera personalità di Soffici: lo scrittore almeno quanto il pittore, ma soprattutto l'animatore che tanto contribuì ad agitare e ad illimpidire le acque stagnanti della vita culturale fiorentina ed in genere italiana.

g. L'azione delle avanguardie non sarebbe stata così a lungo raggio, e così persuasiva ed emozionante.

h. Così è reso possibile ripercorrere la sua vita, individuandone le linee portanti, cioè la connessione tra i vari periodi del suo percorso artistico e il modo in cui si trovarono incastrati dentro le vicende storiche.

→ da V. Corti, *Voglia di leggere e di guardare*, Libreria Padovana, Padova, 1998

Ordine giusto: ...*f c a b h d e g*...

24. Dante Alighieri

Il testo che segue è una segnalazione, apparsa su Esperienze letterarie, di uno studio critico di Enrico Malato su Dante Alighieri (1265-1321), pubblicato nel 1999. Nel testo si trovano vari riferimenti a correnti e personaggi letterari contemporanei a Dante, come lo Stil Novo – una scuola poetica fiorita a Bologna e a Firenze nel secolo XIII – e Guido Cavalcanti, teorico dello Stil Novo nella canzone-manifesto 'Donna me prega'. Ci sono anche alcuni riferimenti a personaggi politici dell'epoca, come l'imperatore Arrigo VII, invocato da Dante a mettere pace in Italia. Cangrande della Scala fu Signore di Verona e vicario di Arrigo VII. Giovanni del Virgilio era un grammatico bolognese. Erich Auerbach (1892-1957) infine è un insigne critico letterario e studioso dantesco.

ENRICO MALATO, *Dante*,
Roma, Salerno Editrice, 420 pp.

1. Il volume, di carattere precipuamente informativo e divulgativo, ripercorre l'analisi dell'*opera omnia* dell'Alighieri fornendo un quadro generale del dibattito filologico e critico finora compiuto dagli studi danteschi. Non manca una ricca introduzione sulla biografia del poeta, inserita nella struttura economica e politica di Firenze del XIII secolo, resa vivace dall'utilizzo di documenti del tempo, nonché di puntuali rimandi alle opere dell'Alighieri e focalizzata a ricostruire l'importanza dell'impegno ideologico nella vita e, di conseguenza, nelle opere dantesche.

2. L'analisi delle rime amorose, oltre ad affrontare i consueti problemi di cronologia tra cui quello spinoso e dibattuto della doppia redazione della *Vita Nuova,* mira a definire l'originalità del pensiero dantesco rispetto alla tradizione, laddove l'amore si strutturava come forza inevitabile, irrazionale e quindi negativa: per Dante il sentimento amoroso invece si connota come una forza luminosa, non disgiunta dalla ragione e soprattutto perfettiva e morale; su questa divergenza si innesta il senso del rapporto poetico con lo *Stil Novo* e soprattutto il dissidio con Cavalcanti di cui Malato fornisce, in virtù dei suoi studi specialistici già precedentemente editi, ipotesi innovative. È da ritenersi plausibile, infatti, secondo il critico, che alla teoria amorosa desunta dalla *Vita Nuova* Cavalcanti contrapponesse la sua canzone-manifesto *Donna me prega,* che a sua volta Dante avrebbe confutato in alcuni passi nodali della *Commedia* di cui ampia trattazione è fornita proprio nella parte riguardante il poema.

3. Tra gli *iuvenilia* di Dante compaiono le composizioni del *Fiore* e del *Detto d'amore* in merito alle quali sono presentate le tappe del dibattito critico, schierato a favore o contro la paternità dantesca. I trattati teorici *Convivio, De vulgari eloquentia* e *Monarchia,* ognuno con suoi specifici e interessanti problemi filologici e cronologici, costituiscono l'espressione dei mutati bisogni letterari dell'esiliato, ora impegnato a definire nuove teorie linguistiche, culturali e politiche. A queste opere si affianca lo studio delle *Epistole* (tra cui sono da ricordare quelle che testimoniano la riprovazione di Dante nei confronti dei fiorentini, i consigli sulle modalità di intervento da parte di Arrigo VII e la controversa nonché celeberrima epistola a Cangrande contenente una parziale esegesi della *Commedia*), delle *Egloghe* di corrispondenza con Giovanni del Virgilio e della *Quaestio de aqua et terra,* componimenti che costituiscono il necessario terreno culturale prima di poter affrontare la rivoluzionaria concezione poetica della *Commedia.*

4. Dell'opera Malato definisce la fase dell'ideazione e i tempi della scrittura (prendendo anche in considerazione l'ipotesi del progetto iniziale di un poema paradisiaco in latino) la circolazione e la tradizione del testo, le fonti utilizzate (dalle suggestioni filosofiche e classiche fino ai condizionamenti della cultura araba), i quattro sensi dell'interpretazione, la genialità e il senso delle soluzioni linguistiche; tutto concorre ad evidenziare nell'opera dantesca, secondo la definizione dell'Auerbach riproposta dall'autore, il «tentativo di sintesi insieme poetica e sistematica di tutta la realtà universale».
(*Enrico Gragnani*)

➤➤ da Esperienze letterarie, XXVI - 2001, 1, Istituti Editoriali e poligrafici internazionali, Pisa - Roma

1. Quale dei due brevi testi che seguono riassume meglio l'articolo?

   a. In *Dante*, volume a carattere informativo e divulgativo, Enrico Malato ripercorre gli studi critici e filologici su Dante e offre una panoramica delle opere, dalle rime amorose, i trattati teorici e le *Epistole* alla *Commedia*. Non mancano spunti originali sul dissidio tra Dante e Cavalcanti.

   b. Nello studio *Dante* di Enrico Malato, l'autore ci offre una ricostruzione dettagliata e ricca di riferimenti alle opere dantesche delle discussioni filologiche dell'epoca, soffermandosi in particolare sui problemi sollevati dal *Convivio* e dalle *Epistole*.

2. Nel testo (capoversi 2-3) sono citate diverse opere di Dante: la *Vita Nuova*, il ... ... a-more; il *Convivio*, il *De Vulgari Eloquentia* e la *Monarchia*; le *Epistole*; le *Egloghe*; la *Quaestio de aqua et terra*; la *Divina Commedia*. Come possono essere caratterizzate queste opere? Provate a collegare ogni opera con la rispettiva definizione. Potete consultare, se necessario, un'enciclopedia.

   a. Vita Nuova
      Fiore
      Detto d'Amore

      1. trattati teorici su questioni filologiche e politiche

   b. Convivio
      De Vulgari Eloquentia
      Monarchia

      2. lettere indirizzate a Giovanni del Virgilio

   c. Epistole

      3. componimento d'argomento filosofico-geografico

   d. Egloghe

      4. lettere di contenuto prevalentemente politico

   e. Quaestio de aqua et terra

      5. capolavoro di Dante

   f. Divina Commedia

      6. opere giovanili su temi amorosi

3. Che cosa differenzia la *Vita Nuova* di Dante dalla tradizione (capoverso 2)?

   a. il concetto dell'amore come forza inevitabile e irrazionale
   b. il concetto dell'amore come forza razionale e morale

4. Nel testo (capoverso 2) si parla di un contrasto tra Dante e Cavalcanti sul concetto dell'amore. Sottolineate nel passo seguente i termini che fanno capire che c'era un conflitto ideologico tra i due.

   ... per Dante invece il sentimento amoroso si connota invece come una forza luminosa, non disgiunta dalla ragione e soprattutto perfettiva e morale; su questa divergenza si innesta il senso del rapporto poetico con lo *Stil Novo* e soprattutto il dissidio con Cavalcanti di cui Malato fornisce, in virtù dei suoi studi specialistici già precedentemente editi, ipotesi innovative ...

5. A chi si riferiscono i seguenti elementi testuali nel secondo capoverso?

    a. è da ritenersi plausibile, infatti, secondo **il critico**: ....

    b. la **sua** canzone-manifesto: ....

    c. proprio **nella parte riguardante il poema**: ....

6. A proposito del *Fiore* e del *Detto d'amore* si parla nel testo 'del dibattito critico a favore o contro la paternità dantesca' (capoverso 3). Provate a spiegare il significato della frase

    ....

7. Leggete l'ultimo capoverso del testo riguardante la *Divina Commedia*, definita come il 'tentativo di sintesi insieme poetica e sistematica di tutta la realtà universale'. Di chi è questa definizione?

    a. di Dante stesso
    b. dell'autore della segnalazione, Enrico Gragnani
    c. dell'autore del volume su Dante, Enrico Malato
    d. di Erich Auerbach

8. Cosa significano le parole in neretto (capoverso 1)? Cercate il sinonimo più appropriato.

    a. il volume, di carattere **precipuamente**
        informativo e divulgativo

        ○ esclusivamente
        ○ principalmente
        ○ parzialmente

    b. resa vivace dall'utilizzo di documenti
        del tempo, **nonché** di puntuali rimandi
        alle opere dell'Alighieri

        ○ come pure
        ○ nemmeno
        ○ persino

9. Cosa significano le frasi sottostanti a e b (capoverso 2)? Indicate la parafrasi giusta.

    a. È da ritenersi plausibile, infatti, secondo il critico, che alla teoria amorosa della *Vita Nuova* Cavalcanti contrapponesse la sua canzone-manifesto 'Donna me prega'.

        1. Sembra probabile che Dante abbia scritto la *Vita Nuova* in reazione alla teoria amorosa della 'Donna me prega' di Cavalcanti.

        2. Sembra probabile che Cavalcanti abbia scritto la 'Donna me prega' in reazione alla *Vita Nuova* di Dante.

b. ... che a sua volta Dante avrebbe confutato in alcuni passi nodali della *Commedia*.

1. In alcuni passi della *Commedia* Dante si oppone di nuovo alle teorie di Cavalcanti nella 'Donna me prega'...

2. In alcuni passi della *Commedia* Dante riprende di nuovo le teorie di Cavalcanti nella *Vita Nuova*.

10. Nel terzo capoverso si parla di Dante come dell"esiliato'. Perché si parla di Dante in questi termini? Consultate un'enciclopedia o altro.

LINGUA E LINGUAGGI

LETTURE IN CORSO 2

25. Si rischia di vincere

26. Paste alla cacciatora

27. Esplorando la poesia

28. Giocare con le parole

29. Il linguaggio degli animali

30. Lingua e origini degli etruschi

31. 6 proprio 3mendo

32. Nuove sfide per l'italiano

25. Si rischia di vincere

Con una lettera apparsa sul notiziario 'La Crusca per voi', il lettore Domenico Valeriano chiede il parere di Giovanni Nencioni, famoso linguista ed ex-presidente dell'Accademia della Crusca, riguardo all'accettabilità di una certa espressione. Nencioni cura una rubrica, 'La Crusca per voi', in cui risponde in merito a dubbi sollevati dai lettori. L'Accademia della Crusca è una delle più antiche accademie d'Italia. Ha sede a Firenze e svolge una larga gamma di attività culturali tutte volte alla diffusione della lingua italiana.

1. Andate al sito della Crusca su internet e fate un breve inventario delle attività di questa istituzione.

> *Domenico Valeriano chiede se è corretto scrivere* si rischia di vincere, *quando per il dizionario* rischiare *ha il significato di correre il pericolo di qualcosa di negativo o di lesivo.*

2. Qual è la risposta più probabile alla domanda di Domenico Valeriano? Consultate il dizionario.

a. 'Si rischia di vincere' è un'espressione scorretta perché 'rischiare' ha un significato negativo.

b. 'Si rischia di vincere' è un'espressione scorretta perché 'rischiare' non può avere un significato ironico.

c. 'Si rischia di vincere' è un'espressione con valori tra loro in contrasto.

1 Veramente *rischiare* ha anche significati meno negativi, come quello di "cimentarsi in un'attività poco conosciuta" o di "affidarsi con troppa fiducia alle promesse di qualcuno"; e assume addirittura un valore esortativo nel celebre proverbio toscano *chi non risica non rosica*, che si può tradurre approssimativamente in "chi non rischia non mangia".

2 Tuttavia il significato prevalente è quello indicato dal sig. Valeriano. Bisogna però considerare che il significato prevalente di una parola (che si dice anche significato fondamentale e di solito compare per primo in un dizionario scolastico, come invalso e costante nell'uso) nel tessuto del singolo discorso può assumere valori diversi, e finanche contrari, condizionato dalle altre parole, dall'intonazione del parlante e dalla situazione.

3 Per esempio: volendo ironizzare e rimproverare uno studente negligente posso dirgli "Se continui a studiare così, rischi di diventare il primo della classe"; ma lodando uno sportivo seriamente impegnato e tuttavia non vittorioso "Bravo! Ce l'hai messa tutta: hai rischiato di vincere"; oppure con la stessa frase, intonata maliziosamente, posso esprimere il mio compiacimento per la sconfitta. *defeat*   *satisfaction*

4 Volendo trarre una conclusione orientativa e operativa dalla domanda del sig. Valeriano e dalla nostra risposta bisogna dire che i caratteri e i valori delle parole vanno considerati e giudicati, prima che nel dizionario, dove compaiono astratti e isolati, nel contesto del discorso, dove comparendo concreti e associati manifestano il proprio carattere ed esercitano proprie funzioni.

Giovanni Nencioni

da La Crusca per voi, n. 21, ottobre 2000

3. Quali definizioni del verbo 'rischiare' sono corrette secondo Nencioni?

	corretto	scorretto
a. correre il pericolo	◉	○
b. cimentarsi in una cosa nuova	✓	○
c. riuscire	◉	○
d. avere paura	◉	○

4. Qual è la parafrasi appropriata del secondo capoverso della risposta di Nencioni?

a. Una parola ha un significato fondamentale, ma assume valori diversi e a volte anche contrari determinati dal contesto e dalla situazione. ✓

b. Il significato fondamentale di una parola è condizionato dall'intonazione del parlante. ✗

c. Il significato fondamentale di una parola è quello più comune che si trova sui dizionari scolastici. ✓

5. Cercate su un dizionario il significato delle parole in neretto.

a. un valore **esortativo** (capoverso 1): ....

b. il significato **invalso** (capoverso 2): *established* ≈ affermato /ammesso /accettato

c. uno studente **negligente** (capoverso 3): *careless* ≈ non diligente/trascurato/disattento

d. una frase **maliziosa** (capoverso 3): *spiteful* ≈ cattivo /birichino /vivace?

6. Nencioni dà due esempi dell'uso di 'rischiare di vincere'. Spiegate in italiano o nella vostra madre-lingua il significato di:

*fare del sarcasmo
non c'è una caso*

a. Se continui a studiare così, rischi di diventare il primo della classe:

Penso che il proffesore fa de sacasma; conposce che non c'è un cosa per questo studente di diventare

b. Bravo! Ce l'hai messa tutta: hai rischiato di vincere:

E la stessa cosa non pensa che è il giocatore continuara comre questo non era un caso di vincere

7. Il capoverso conclusivo consiste di un unico periodo. Completate le frasi sottostanti che lo riassumono.

a. Dalla *domanda del Sig Valerone* e dalla *nostra riposta* si può trarre una conclusione orientativa.

b. Nel dizionario i significati delle parole appaiono *astratti* e *isolati* mentre

nel contesto del discorso appaiono *concreti* e *associati* .

c. Il carattere e le funzioni delle parole vanno giudicati nel *dizionario e nel contesto del discorso*

26. Paste alla cacciatora

La ricetta delle 'Paste alla cacciatora' si trova nel più famoso libro di cucina di Pellegrino Artu-si, intitolato La scienza in cucina e l'arte di mangiar bene. *Il volume data dalla seconda metà dell'Ottocento ed è scritto in un italiano ancora ben comprensibile, benché un po' antiquato e ampolloso.*

1. Chi era Pellegrino Artusi? Consultate un'enciclopedia o internet.

2. Le parole sottoelencate sono nell'italiano odierno di uso poco comune. Cercate su un dizionario il significato.

• briccone = rascal   • bricconata = mischievous trick

a. bricconcella (capoverso 1): little rascal

b. una cazzaruola (capoverso 3): Utensile da cucina di metalo, simile al tegame, ma più fondo con lungo manico

• avvezzo = accustomed to

c. avvezzare (capoverso 3): abituare

d. scorta (capoverso 3): escort / supply / stock

e. annaspare (capoverso 3): to flounder / to grope ≈ get by

f. imperocché (capoverso 4): per il fatto che, poiche

• gabella = duty/tax

g. gabellare (capoverso 6): tassare

h. pappatore (capoverso 6): ....

• tacciare = to accuse

i. taccia (capoverso 6): blame

PREFAZIO

1   La cucina è una bricconcella, spesso e volentieri fa disperare, ma dà anche piacere, perché quelle volte che riuscite o che avete superata una difficoltà, provate compiacimento e cantate vittoria.

2   Diffidate dei libri che trattano di quest'arte: sono la maggior parte fallaci o incomprensibili, specialmente quelli italiani; meno peggio i francesi: al più al più, tanto dagli uni che dagli altri, potrete attingere qualche nozione utile quando l'arte la conoscete.

3   Se non si ha la pretesa di diventare un cuoco di baldacchino non credo sia necessario, per riuscire, di nascere con una cazzeruola in capo; basta la pas-

sione, molta attenzione e l'avvezzarsi precisi; poi scegliete sempre per materia prima roba della più fine, ché questa vi farà figurare. Il miglior maestro è la pratica sotto un esercente capace; ma anche senza di esso, con una scorta simile a questa mia, mettendovi con molto impegno al lavoro, potreste, io spero, annaspar qualche cosa.

4   Vinto dalle insistenze di molti miei conoscenti e di signore, che mi onorano della loro amicizia, mi decisi finalmente di pubblicare il presente volume, la cui materia, già preparata da lungo tempo, serviva per solo mio uso e consumo. Ve l'offro dunque da semplice dilettante qual sono, sicuro di non ingannarvi, avendo provati e riprovati più volte questi piatti da me medesimo; se poi voi non riuscirete alla prima, non vi sgomentate; buona volontà ed insistenza vuol essere, e vi garantisco che giungerete a farli bene e potrete anche migliorarli, imperocché io non presumo di aver toccato l'apice della perfezione.

5   Ma, vedendo che si è giunti con questa alla quattordicesima edizione e alla tiratura di cinquantaduemila esemplari, mi giova credere che nella generalità di queste mie pietanze venga fatto buon viso e che pochi, per mia fortuna, mi abbiano mandato finora in quel paese per imbarazzo di stomaco o per altri fenomeni che la decenza mi vieta di nominare.

6   Non vorrei però che per essermi occupato di culinaria mi gabellaste per un ghiottone o per un gran pappatore; protesto, se mai, contro quella taccia poco onorevole, perché non sono né l'una né l'altra cosa. Amo il bello ed il buono ovunque si trovino e mi ripugna di vedere straziata, come suol dirsi, la grazia di Dio. Amen.

da Pellegrino Artusi, La scienza in cucina e l'arte ci mangiar bene, Rizzoli, Milano, 1985

3. Come si diventa un buon cuoco secondo Artusi (capoverso 3)?

	vero	falso
a. con passione e precisione	☑	○
b. con molta attenzione e precisione	☑	○
c. scegliendo solo ingredienti fini	☑	○
d. con un buon libro di cucina francese	○	☑
e. con la sola pratica	☒	☑

4. Rileggete il capoverso 4 e indicate l'ordine cronologico giusto delle varie tappe della genesi di questo libro di cucina.

1   a. All'inizio qualcuno può avere difficoltà a far bene i piatti.
5   b. Alla lunga tutti riescono a far bene i piatti.
3   c. Le ricette servono solo a Artusi.
2   d. Artusi prova e riprova le proprie ricette.
4   e. Artusi pubblica il libro di cucina.

Ordine giusto: ......a...d...c....e............b..

dc e a b

5. Oltre che per le ricette Artusi è famoso anche per lo stile delle sue prefazioni e delle sue ricette: i giri di parole, le espressioni usate, la prolissità e il tono a volte ampolloso, a volte colloquiale. Rileggete il capoverso 5 e cercate alcuni esempi di espressioni che vi sembrano caratteristiche del modo di scrivere di Artusi.

1. *mi giova credere*

x 2. *nella generalità*

✓ 3. *venga fatto buon viso*

✓ 4. *imbarazzo di stomaco*

x 5. *la decenza mi vieta di nominare*

6. Parafrasate in italiano moderno il passo seguente (capoverso 6).

Mi ripugna di vedere straziata, come suol dirsi, la grazia di Dio:

(*Non*) *mi piace molto vedere rovinata,* [dis] *comme si dice, i doni di Dio* [cibo di qualità]

Paste alla cacciatora

Così chiamano in Toscana una minestra di paste asciutte (nocette, paternostri, penne e simili), condite con la carne delle alzavole. Le alzavole sono uccelli di padule, dal piede palmato, dal becco a spatola, somigliantissimi alle anatre se non che sono più piccole, da pesare in natura 250 grammi a 300. Due di queste sono sufficienti per condire una minestra di grammi 400 di pasta da bastare per quattro persone.
Gettate via la testa, le zampe, la stizza, e gl'intestini per farle bollire con un mazzetto guarnito di sedano, carota e gambi di prezzemolo in tanta acqua salata che basti per cuocervi la minestra. Cotte che sieno disossatele e tritatele con la lunetta insieme coi fegatini e i ventrigli vuotati che avrete cotti con le alzavole. Cotta la pasta nel detto brodo scolatela bene e conditela a suoli con questa carne tritata, burro e parmigiano a buona misura.
Riesce una minestra gustosa e, ciò che più conta, di non difficile digestione.

[celery parsley / minced? / gizzard / drained?]

---

7. Che cosa è una minestra di paste asciutte in Toscana?

a. un primo piatto di pastasciutta ✓
b. una minestrina in brodo ✗

8. 'Le alzavole sono uccelli di padule, dal piede palmato, dal becco a spatola, somigliantissimi alle anatre se non che sono più piccole'. Guardate le illustrazioni a-c. In base alla descrizione di Artusi, qual è l'alzavola secondo voi?

except

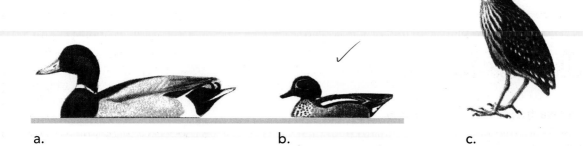

a.　　　　　　　　　　b.　　　　　　　　　　c.

9. Completate le fasi di preparazione di questa minestra, aggiungendo i verbi appropriati.

a. ...**Pulire**............... le alzavole gettando via la testa, le zampe, la stizza e gli intestini.

b. ...*Bollire*.......... gli uccelli in acqua salata con un mazzetto di sedano, carota e gambi di prezzemolo.

Mince c. ...*TRITARE*.......... le alzavole insieme con i fegatini e i ventrigli.

d. ...*Cocere*........ la pasta nel brodo.

Season e. ...*Condire*......... la pasta con la carne trita, burro e parmigiano.

27. Esplorando la poesia

Sulla rivista per gli insegnanti di italiano, Italiano & oltre, è apparso il resoconto di una serie di attività didattiche volte ad avvicinare i bambini di una terza elementare alla poesia. In questo brano si descrive una di queste attività.

Esplorando la poesia

1 Un giorno la maestra propone ai suoi alunni di terza elementare un'esplorazione nel giardino della scuola, luogo conosciuto e amato per le attività sia ludiche che di ricerca che spesso vi si svolgono. Questa volta si tratta però di andare a ricercare, a scoprire qualcosa di particolare, qualcosa che solitamente sfugge, che neanche i grandi vedono, qualcosa che si vede con gli occhi, che si sente con il naso o con la pelle. Si esplora, si cerca con tutti i sensi, si pensa e poi si scrive liberamente, di getto, come fosse una poesia, utilizzando similitudini e metafore. Ci sono un tempo e uno spazio limitati, ognuno cercherà da solo il suo "segreto". C'è una sola regola: non si parla.

2 I bambini prendono molto seriamente la proposta, si sparpagliano, scelgono punti diversi di osservazione e non si limitano a guardare ma odorano, toccano, *assaporano*. Roberto e Marco hanno scelto un punto di osservazione originale: si sono accucciati tra il muretto e l'erba che in quel punto è più alta che altrove. Forse pensano di guardare non visti. Cercano di osservare il giardino con gli occhi di un animale o dal punto di vista dei fili d'erba?

3 Giovanna è immobile, quasi stupita di fronte al grande albero di mimosa che chissà quante volte ha visto o utilizzato per giocare: si avvicina, si allontana dal tronco, strizza gli occhi come avesse una telecamera per inquadrare, zummare un particolare. Man mano i bambini tornano vicino alla maestra che li aspetta senza mettere fretta, ognuno di loro ha scritto su un foglietto le proprie sensazioni.

4 Il giorno successivo si mettono a punto i testi, si rileggono i pensieri con attenzione, si eliminano le ripetizioni che danno fastidio al ritmo; il lavoro di limatura si fa con la matita; si rilegge di nuovo piano piano, imponendo un ritmo alla voce, mettendo le pause. Seduti in circolo e a turno, ogni bambino legge ad alta voce il suo prodotto: vengono discusse insieme eventuali, ulteriori modifiche proposte dall'insegnante o dai compagni (le modifiche riguardano sempre la parte linguistica mentre c'è una valorizzazione costante del pensiero di ciascuno).

5 Il risultato risente molto delle liriche greche e cinesi su cui hanno lavorato negli ultimi tempi; la raccolta viene intitolata *Poesiesplorando*.

da Nadia Ferretti, 'Bambini poeti', in: Italiano e oltre, anno XVI, 2001, Supplemento al n. 5

---

1. Leggete il primo capoverso. Come è strutturata l'attività qui descritta? Indicate quali sono i verbi che vi sembrano indicativi di quello che fanno i bambini.

a. ricercare ⊘

b. cantare ○

c. vedere ⊘

d. sentire ⊘

e. esplorare ⊘

f. scrivere ⊘

g. sfuggire ○

h. pensare ⊘

i. limitare ⊘

j. leggere ⊘

k. discutere ⊘

2. In questo testo vengono descritte varie attività che coinvolgono i sensi e le rispettive parti del corpo. La descrizione si serve di verbi che indicano queste attività. Riempite lo schema inserendo i verbi presenti nel testo sotto la voce appropriata.

	I sensi		
Il naso	**Gli occhi**	**La mano**	**La bocca**
corsoly! sentire ✗	vedere	toccare *tatto*	assaporare
odorare	guardare	(scrivere)	(leggere)
	osservare	sentire	disentire
	strizzare	tastare	
	inquadrare		
	zummare		
	leggere		

3. Leggete il capoverso 4 in cui si descrivono le fasi nella stesura delle poesie. Completate.

   a. Si mettono .... *a punto* .... i testi.

   b. Si rileggono i pensieri .... *con attenzione* ....

   c. Si eliminano le ripetizioni che danno fastidio .... *al ritmo* ....

   d. Si fa il lavoro di limatura .... *si fa con la matita*

   e. Si rilegge imponendo un ritmo .... *alla voce* ....

4. 'Le modifiche riguardano sempre la parte linguistica mentre c'è una valorizzazione costante del pensiero di ciascuno' (capoverso 4). Le due parti di questa frase esprimono:

   a. due attività distinte di revisione delle poesie, l'analisi della forma linguistica e del pensiero espresso.

   ✓ b. una sola attività di revisione che coinvolge allo stesso tempo la forma linguistica e il pensiero.

POESIESPLORANDO

Foglie
Tre onde verdi
una goccia di bianco
un gambo sottile.
(A.C.)

Farfalla
Ho visto una farfalla
libera, nera, gialla.
Luminosa
sbatteva le ali
per far vedere
la sua bellezza.
(H.A.)

Il ragno
Come un piccolissimo pianeta
si muove
nell'universo verde.
(M.P.)

Armonia
Tutto intorno a me è armonia:
il canto degli uccelli,
il profumo della mimosa
dei signorili papaveri rossi
e dell'erba.
La natura non si spegne mai
in nessuna stagione:
ha sempre il suo silenzio
e il suo rumore.
(M.G.)

Mimosa
La mimosa
dal profumo penetrante
sembra un albero d'oro.
(H.A.)

5. Nelle poesie intitolate 'Foglie', 'Il ragno' e 'Mimosa' si fanno dei confronti con altri elementi della natura o del paesaggio. Quali sono?

a. 'Foglie': *onde, goccia, gambo*

b. 'Il ragno': *pianeta, universo*

c. 'Mimosa': *Mimosa profumo albero, oro*

6. In 'Farfalla' si dice che la farfalla è 'luminosa'. Perché il bambino avrà usato questa parola?

Perché i colori nelle ali della farfalla erano così forti, che la luce sembra venire dalle ali stesse

7. Nei due versi finali si parla del silenzio e del rumore della natura. A che cosa si riferiscono questi due concetti contrari?

La natura non sempre fa un rumore udibile, ma ci sono sempre qualcose per i sensi discernere magnifice

28. Giocare con le parole

In questo articolo apparso sul supplemento settimanale Musica *di* La Repubblica *Massimo Pasquini presenta il libro di Stefano Bartezzaghi,* Lezioni di enigmistica, *pubblicato da Einaudi. Il libro di Bartezzaghi è una specie di manuale con istruzioni per coloro che amano risolvere i giochi di parole.*

1 Non fatevi spaventare dal titolo accademico (gioco di parole involontario), le Lezioni di enigmistica (Einaudi, lire 28.000) sono alla vostra portata. Purché amiate giocare, e non solo con le lettere. Stefano Bartezzaghi, esponente di primo piano dell'arte della composizione e della scomposizione delle parole, figlio e fratello d'arte, vi prende per mano e vi invita a cimentarvi in una sfida dell'intelligenza e a provare il gusto di vincerla. Vi insegna i codici, le regole, i trucchi del mestiere. Vi aiuta a diventare solutori appassionati e forse inventori di enigmi di tutti i tipi.

tryout challenge

2 Questo manuale di istruzioni è anche un allegro libro-game e un autorevole approccio storico-critico al gioco di parole infantile,

authoritative

popolare e specialistico. È un libro serio e divertente che esemplifica e ordina una materia apparentemente riservata agli appassionati e agli addetti ai lavori, smussando gli angoli di un'enigmistica a volte troppo criptica e obsoleta, rasentando scomuniche accademiche, sconfinando con leggerezza e autorevolezza lungo i sentieri impervi dell'evoluzione del linguaggio e del pensiero contemporaneo, trattando questo inesauribile materiale dell'ingegno come plastilina colorata cui dare forme personalizzate, sistematizzando, divulgando e ringiovanendo la vecchia enigmistica. Da queste variopinte lezioni abbiamo cercato di trarre alcune dispense, corredate di esempi e quesiti da risolvere. In bocca alla sfinge!

bordering (manoscritto)
trespass (manoscritto)

1. Leggete l'introduzione di Massimo Pasquini e indicate per ciascuna delle seguenti espressioni la parafrasi giusta (capoverso 1).

a. Le *Lezioni di enigmistica* sono alla vostra portata.

   1. Non sono né troppo difficili né troppo facili.
✓ 2. Non sono eccessivamente difficili.

As long as
b. Purché amiate giocare.

on condition
✓ 1. A patto che vi piaccia giocare.
   2. Anche se non vi piace giocare.
     Even if

c. Stefano Bartezzaghi vi invita a cimentarvi in una sfida dell'intelligenza e a provare il gusto di vincerla.

   1. Stefano Bartezzaghi vi invita a provare la soddisfazione di aver risolto un gioco di parole
✓ 2. Stefano Bartezzaghi vi invita a tentare un gioco di parole e a provare la soddisfazione di averlo risolto.

d. Vi insegna i codici, le regole, i trucchi del mestiere.

1. Vi insegna come comporre e scomporre le parole.
✓2. Vi insegna come sono fatti e come si costruiscono i giochi di parole.

2. Cercate nel testo il contrario delle parole sottoelencate:

a. solutore (capoverso 1): ...._inventora_............................

b. divertente (capoverso 2): ...._serio_................................

c. leggerezza (capoverso 2): ...._auto revolezza_...................

3. Sono vere o false le seguenti affermazioni?

	vero	falso
a. Il libro si rivolge anzitutto agli addetti ai lavori. _(first of all)_	○	◉
b. L'autore cerca di rendere meno criptica e più moderna l'enigmistica.	◉	○
c. Le lezioni nel libro presentano un contenuto uniforme.	○	◉

4. La battuta conclusiva, 'In bocca alla sfinge' è una riformulazione ad hoc di 'In bocca al lupo', espressione usata per augurare a qualcuno buona fortuna. Perché Pasquini usa la parola 'sfinge'?

(o forse Romolo e Remo)

"in bocca al lupo" e una referenza a 'Cappucetto Rosso', ma l'intenzione e ironica (il risposto e "crepi il luppo") comme "break a leg" in Inglese e signifíca "Bon fortuna". quindi "in bocca alla sfinge" signifícara "bona fortuna con l'indovinello" per cui la sfinge era famosa.

5. Nel secondo capoverso c'è un lungo periodo ('È un libro serio e divertente …') che contiene diversi gerundi.

(alternativo più crudo
inculo alla balena!
Yes! speriamo che non caghi)

a. Quali sono questi gerundi?

1. **smussando** _smoothing_

2. _rasentando_ _bordering_

3. _sconfinando_ _trespassing_

4. _trattando_ _treating_

5. _divulgando_ _unraveling_

6. _ringiovanendo_ _rejuvenating_

7. _sistematizzando_ _organising_

b. Qual è il soggetto grammaticale di questi gerundi?

...... *libro* ......

riddle

6. Leggete il testo. L'indovinello è un gioco di parole già antico e molto diffuso. Quali sono i quattro campi in cui è particolarmente usato?

1. *la spezia del gergo infantile* 2. *mediatico* 3. *motto popolare* 4. *Pubblicità*

＊(man) l'uomo, bambino, adulto, vecchi/veterano. con aiuto del bastone da passaggio

---

let be clear

INDOVINELLO

Intendiamoci, di indovinelli di tutti i tipi è disseminato il linguaggio umano. Questo gioco di parole antico quanto l'uomo è la spezia del gergo infantile e di quello mediatico, del motto popolare e della pubblicità. Ma in enigmistica si devono rispettare alcune regole perché un gioco possa essere definito indovinello: deve avere un titolo (fuorviante), un testo con un senso apparente e uno recondito (entrambi plausibili e coerenti), una struttura generalmente poetica. Un enigma come quello della Sfinge, con le sue 4 zampe che diventano 2 e poi 3 sarebbe certamente cestinato oggi dalla *Settimana Enigmistica*. Così come il verso di Bertoldo: *"Testa non tengo e pur porto il cappello"* (soluzione: *il fungo*) o il quesito posto da alcuni pescatori a Omero: *"Quel che abbiamo preso lo lasciamo, quel che non abbiamo preso lo teniamo"* (soluzione: *i pidocchi*). Ecco invece una proposta attuale di Bartezzaghi:

In contropiede è irresistibile

Corre scartando il portiere in uscita:
l'uomo è dietro e lui punta al primo palo.
Nessuna trattenuta, è solo e scatta,
l'azione è molto fluida, ed ecco: è fatta.

Handwritten annotations (left margin):
news value/sound bite
witty remark
misleading
secret
turned down
counter attack
swerving/dodging aims
deduction/retention

Handwritten annotations (right margin):
slang
(world of) puzz[...]
both paws/legs
louse
goal Keeper/concia
goal post
released

Handwritten annotations (within/below box):
il punto di concepimento?
(la nascita)
palla? / goal (la morte?)
spedire un e-mail?

7. Quali sono le regole che si devono rispettare in enigmistica? Completate.

L'indovinello deve avere:

a. un titolo ..... *fuorviante* .....

b. un testo con un senso .... *apparente e un recondito (entrambi plausibili e coerenti* ...

c. una struttura .... *generalmente poetica*

8. Sono citati tre esempi di indovinelli antichi famosi, che secondo Bartezzaghi, in base ai criteri *today's* odierni, verrebbero considerati poco riusciti. Completate lo schema alla pagina seguente inserendovi la soluzione dell'indovinello.

Indovinello	Soluzione
a. L'indovinello della Sfinge	*huomo*
b. Il verso di Bertoldo (il contadino nell'omonimo racconto cinquecentesco di G.C. Croce)	*il fungo*
c. Il quesito posto da alcuni pescatori a Omero	*i pidocchi*

9. Spiegate il significato di 'cestinare' in: 'sarebbe certamente cestinato oggi dalla *Settimana Enigmistica*'.

non sarebbe accetto per poblicazione nelle rivista per Enigmistica

10. a. Leggete l'indovinello di Bartezzaghi e indicate il campo tematico a cui si allude secondo voi.

1. l'esercito
2. il calcio ✓
3. il cinema

b. Quale potrebbe essere la soluzione di questo indovinello? Discutetene con un compagno.

....

> ### ANAGRAMMA
> Le parole non sono composte solo dalle lettere, ma anche dalla loro disposizione. L'anagramma sconvolge caoticamente gli atomi-lettere per ottenere altre parole-molecole. Naturalmente un buon anagramma non solo trasforma, ma descrive: *Marco Antonio = antico romano*, *Roberto Benigni = birbone integro*, *Armando Cossutta = straunto da Mosca*, *Rocco Buttiglione = clerico bigotto*. L'enigmista Enrico Parodi ha dato del gioco una definizione a sua volta anagrammatica: *"Lo determini mercè l'esatto/rimescolamento di lettere"*. Per descrivere l'anagramma in tutte le sue varietà, Bartezzaghi usa invece una sola parola di partenza, *calendario*, che può diventare *locandiera* (a. semplice), *corda/linea* (a. diviso), *l'arca di Noè* (a. a frase), ecc. Ci sono almeno altri 5 anagrammi possibili nascosti nel *calendario*. Provate a trovarli.

honest

naughty

con radiale credo liana era in caldo

11. Perché 'Marco Antonio = antico romano' viene definito un buon anagramma?

....

12. Nel testo sono nominati alcuni possibili anagrammi di 'calendario' ('locandiera', 'corda/linea', 'l'arca di Noè'). Provate a trovare un possibile anagramma di una parola italiana a vostra scelta.

29. Il linguaggio degli animali

Questa fiaba, di origine mantovana, parla di un giovane che comprende il linguaggio degli animali. Esiste una versione simile anche nel Monferrato. Il tema dell'uomo che intende il linguaggio degli animali fa parte di tutta una tradizione europea, riportata anche dai fratelli Grimm. La versione italiana della fiaba è stata trascritta dallo scrittore italiano Italo Calvino (1923-1985). La sua raccolta Fiabe italiane *apparse per la prima volta nel 1956. Il testo che trovate qui è basato sulla quarta edizione del 1971.*

1. Leggete il titolo e il primo capoverso ('Un ricco mercante ... perché gli insegnasse tutte le lingue'). Cercate di indovinare in base alle informazioni contenutevi quale sarà l'andamento globale della fiaba.

....

....

IL LINGUAGGIO DEGLI ANIMALI

Un ricco mercante aveva un figliolo a nome Bobo, sveglio d'ingegno e con una gran voglia d'imparare. Il padre lo affidò a un maestro assai dotto, perché gli insegnasse tutte le lingue.

Finiti gli studi, Bobo tornò a casa e una sera passeggiava col padre pel giardino. Su un albero, gridavano i passeri. Un cinguettìo da assordare. – Questi passeri mi rompono i timpani ogni sera, – disse il mercante tappandosi le orecchie.

E Bobo: – Volete che vi spieghi cosa stanno dicendo?

Il padre lo guardò stupito. – Come vuoi sapere cosa dicono i passeri? Sei forse un indovino?

– No, ma il maestro m'ha insegnato il linguaggio di tutti gli animali.

– Oh, li ho spesi bene i miei soldi! – disse il padre.

– Cosa ha capito quel maestro? Io volevo che t'insegnasse le lingue che parlano gli uomini, non quelle delle bestie!

– Le lingue degli animali sono più difficili, e il maestro ha voluto cominciare da quelle.

Il cane correva loro incontro abbaiando. E Bobo: – Volete che vi spieghi cosa dice?

– No! Lasciami in pace col tuo linguaggio da bestie! Poveri soldi miei!

Passeggiavano lungo il fossato, e cantavano le rane. – Anche le rane ci mancavano a tenermi allegro... – brontolava il padre.

– Padre, volete che vi spieghi... – cominciò Bobo.

– Va' al diavolo tu e chi t'ha insegnato!

E il padre, irato d'aver buttato via i quattrini per educare il figlio, e con l'idea che questa sapienza del linguaggio animale fosse una mala sorte, chiamò due servi e disse loro cosa dovevano fare l'indomani.

Alla mattina, Bobo fu svegliato, uno dei servi lo fece montare in carrozza e gli si sedette vicino; l'altro, a cassetta, frustò i cavalli e partirono al galoppo. Bobo non sapeva nulla di quel viaggio, ma vide che il servitore accanto a lui aveva gli occhi tristi e

---

gonfi. – Dove andiamo? – gli chiese. – Perché sei così triste? – ma il servitore taceva.

Allora i cavalli cominciarono a nitrire, e Bobo capì che dicevano: – Triste viaggio è il nostro, portiamo alla morte il padroncino.

E l'altro rispondeva: – Crudele è stato l'ordine di suo padre.

– Dunque, voi avete l'ordine da mio padre di portarmi a uccidere? – disse Bobo ai servitori.

I servitori trasalirono: – Come lo sapete? – chiesero.

– Me l'han detto i cavalli, – disse Bobo. – Allora uccidetemi subito. Perché farmi penare aspettando?

– Noi non abbiamo cuore di farlo, – dissero i servitori. – Pensiamo al modo di salvarvi.

In quella li raggiunse abbaiando il cane, che era corso dietro alla carrozza. E Bobo intese che diceva: – Per salvare il mio padroncino darei la mia vita!

– Se mio padre è crudele, – disse Bobo, – ci sono pure creature fedeli; voi, miei cari servitori, e questo cane che si dice pronto a dar la vita per me.

– Allora, – dissero i servitori, – uccidiamo il cane, e portiamo il suo cuore al padrone. Voi, padroncino, fuggite.

Bobo abbracciò i servi e il cane fedele e se ne andò alla ventura. Alla sera giunse a una cascina e domandò ricovero ai contadini. Erano seduti a cena, quando dal cortile venne il latrare del cane. Bobo stette ad ascoltare alla finestra, poi disse: – Fate presto, mandate a letto donne e figli, e voi armatevi fino ai denti e state in guardia. A mezzanotte verrà una masnada di malandrini ad assalirvi.

I contadini credevano che gli desse di volta il cervello.

– Ma come lo sapete? Chi ve l'ha detto?

– L'ho saputo dal cane che latrava per avvertirvi. Povera bestia, se non c'ero io avrebbe sprecato il fiato. Se m'ascoltate, siete salvi.

I contadini, coi fucili, si misero in agguato dietro una siepe. Le mogli e i figli si chiusero in casa. A mezzanotte s'ode un fischio, poi un altro, un altro ancora; poi un muoversi di gente. Dalla siepe uscì una scarica di piombo. I ladri si diedero alla fuga, due restarono secchi nel fango, coi coltelli in mano.

A Bobo furono fatte grandi feste, e i contadini volevano si fermasse con loro, ma lui prese commiato, e continuò il suo viaggio.

Cammina cammina, a sera arriva a un'altra casa di contadini. È incerto se bussare o non bussare, quando sente un gracidare di rane nel fosso. Sta ad ascoltare; dicevano: – Dài, passami l'ostia! A me! A me! Se non mi lasciate mai l'ostia a me, non gioco più! Tu non la prendi e si rompe! L'abbiamo serbata intera per tanti anni! – S'avvicina e guarda: le rane giocavano a palla con un'ostia sacra. Bobo si fece il segno della croce.

– Sei anni, sono, ormai, che è qui nel fosso! – disse una rana.

– Da quando la figlia del contadino fu tentata dal demonio, e invece di far la comunione nascose in tasca l'ostia, e poi ritornando dalla chiesa, la buttò qui nel fosso.

Bobo bussò alla casa. L'invitarono a cena. Parlando col contadino apprese che egli aveva una figlia, malata da sei anni, ma nessun medico sapeva di che malattia, e ormai era in fin di vita.

– Sfido! – disse Bobo. – È Dio che la punisce. Sei anni fa ha buttato nel fosso l'ostia sacra. Bisogna cercare quest'ostia, e poi farla comunicare devotamente; allora guarirà.

Il contadino trasecolò. – Ma da chi sapete tutte queste cose?

– Dalle rane, – disse Bobo.

Il contadino, pur senza capire, frugò nel fosso, trovò l'ostia, fece comunicare la figlia, e lei guarì. Bobo non sapevano come compensarlo, ma lui non volle niente, prese commiato, e andò via.

Un giorno di gran caldo, trovò due uomini che riposavano all'ombra d'un castagno. Si sdraiò accanto a loro e chiese di far loro compagnia. Presero a discorrere: – Dove andate, voi due?

– A Roma, andiamo. Non sapete che è morto il Papa e si elegge il Papa nuovo?

Intanto, sui rami del castagno venne a posarsi un volo di passeri. – Anche questi passeri stanno andando a Roma – disse Bobo.

– E come lo sapete? – chiesero quei due.

– Capisco il loro linguaggio, – disse Bobo. Tese l'orecchio, e poi: – Sapete cosa dicono?

– Cosa?

– Dicono che sarà eletto Papa uno di noi tre.

A quel tempo, per eleggere il Papa si lasciava libera una colomba che volasse nella piazza di San Pietro piena di gente. L'uomo sul cui capo si sarebbe posata la colomba, doveva essere eletto Papa. I tre arrivarono nella piazza gremita e si cacciarono in mezzo alla folla. La colomba volò, volò, e si posò sulla testa di Bobo.

In mezzo a canti e grida d'allegrezza fu issato sopra un trono e vestito d'abiti preziosi. S'alzò per benedire e nel silenzio che s'era fatto nella piazza s'udì un grido. Un vecchio era caduto a terra come morto. Accorse il nuovo Papa e nel vecchio riconobbe suo padre. Il rimorso l'aveva ucciso e fece appena in tempo a chiedere perdono al figlio, per spirare poi tra le sue braccia.

Bobo gli perdonò, e fu uno dei migliori papi che ebbe mai la Chiesa.

da *Fiabe italiane*, raccolte e trascritte da Italo Calvino, Mondadori, Milano, 1971

2. Leggete ora la fiaba intera. Suddividetela in paragrafi corrispondenti ai seguenti sottotitoli, indicando per ciascun paragrafo l'inizio e la fine.

Paragrafo	Sottotitolo	Inizio	Fine
1	Bobo impara le lingue	Un ricco mercante	perché gli insegnasse tutte le lingue
2	Bobo fa arrabbiare il padre		
3	Bobo in pericolo di morte e salvato		
4	Bobo salva i contadini		
5	Bobo salva la figlia di un altro contadino		
6	Bobo va a Roma		
7	Bobo diventa Papa e si riconcilia con il padre		

3. Vero o falso?

	vero	falso
a. Il padre vuol fare uccidere il figlio perché crede che la conoscenza del linguaggio degli animali porti sfortuna.	○	○
b. Bobo è informato della sua sorte dai servitori.	○	○
c. Il cane si sacrifica per il suo padroncino.	○	○
d. I contadini uccidono i ladri con dei coltelli.	○	○
e. La figlia di un contadino guarisce dopo aver mangiato la sacra ostia conservata dalle rane.	○	○
f. La colomba si posa sulla testa di Bobo.	○	○
g. Il padre chiede perdono al figlio.	○	○

4. Nelle fiabe i modi e i tempi verbali, soprattutto quelli del passato (imperfetto, passato remoto, congiuntivo), si alternano. Rileggete il capoverso iniziale e spiegate in italiano o nella vostra madrelingua l'uso e la funzione delle seguenti forme verbali.

a. un ricco mercante **aveva** un figliolo: ....

b. il padre lo **affidò** a un maestro: ....

c. perché gli **insegnasse** tutte le lingue: ....

5. In quale epoca storica potrebbe essere ambientata la storia di questa fiaba? Motivate la vostra scelta, citando degli elementi del testo.

....

6. Completate inserendo il verbo che esprime il suono che fanno questi animali. Potete consultare il testo.

a. i passeri ....

b. il cane ....

c. le rane ....

d. i cavalli ....

7. Indicate le coppie di sinonimi.

a. assordare   1. conversare
b. spirare   2. mettersi in agguato
c. discorrere   3. rompere i timpani
d. stare in guardia   4. sussultare
e. serbare   5. morire
f. trasalire   6. conservare

8. Cercate le parole in questa fiaba che si riferiscono al soprannaturale e al sacro/religioso.

1. *indovino* ....   4. ....

2. ....   5. ....

3. ....   6. ....

9. Cercate su internet o su un manuale di letteratura italiana i titoli di almeno tre libri di Italo Calvino.

30. Lingua e origini degli etruschi

In questo capitolo tratto da uno studio sugli Etruschi a cura di Salvatore Settis, intitolato La terra degli Etruschi, vengono discussi due aspetti della civiltà etrusca, la lingua e l'origine di questo popolo. Gli Etruschi vissero in comunità urbane nell'Italia centrale e raggiunsero un alto livello di cultura artistica e di fioritura economica nei secoli che precedettero l'espansione romana (secc. VII-IV avanti Cristo). Furono sconfitti dai Romani e le ultime città etrusche caddero nel 265 avanti Cristo.

Lingua e origini degli Etruschi

1 La lingua etrusca, spesso e a torto ritenuta l'aspetto più misterioso del già grande (supposto) «mistero etrusco», è in realtà comprensibile solo in parte. Ciò non vuol dire affatto però che le iscrizioni etrusche non siano leggibili e in grandissima parte intelligibili; significa piuttosto che si tratta di una lingua non tramandataci dalla tradizione manoscritta e quindi attestata quasi esclusivamente da epigrafi, la gran parte delle quali funerarie e recanti dunque una gamma di informazioni ridotta e ripetitiva, limitata di solito ai dati onomastici.

2 A quanto è attualmente noto si tratta di una lingua non indoeuropea, che manifesta sicure connessioni fonetiche e morfologiche con l'idioma documentato a Lemno da un'unica iscrizione della fine del VI secolo a.C., cosicché si avanza l'ipotesi che l'etrusco e il lemnio siano relitti di un'antica lingua comune mediterranea.

3 Sgombrato il campo da sterili metodi etimologici – basati sul confronto dell'etrusco con altre lingue note – la ricerca moderna , che si fonda piuttosto sull'evidenza interna (funzionamento) dei testi, ha ottenuto risultati notevoli nella comprensione delle formule onomastiche, ora perfettamente chiare, di molte funzioni grammaticali, di alcune funzioni sintattiche.

4 Il discorso che si è fatto fin qui presuppone chiara la distinzione tra il concetto di lingua e il concetto di alfabeto, che consiste solo in un sistema di segni atto ad esprimere la lingua stessa. Ora, l'alfabeto etrusco non pone alcun problema di leggibilità, perché niente altro è se non, con minimi aggiustamenti, un alfabeto greco portato dai coloni euboici. Esso viene recepito all'inizio del VII secolo a.C. e, come bene di prestigio e strumento di rapporti commerciali, è dapprima appannaggio delle classi egemoni, che ne dovettero detenere anche l'insegnamento. Successivamente, con la nascita delle comunità urbane, la scrittura, ora insegnata presso i santuari come ad esempio quello del Portonaccio a Veio, assume il ruolo di strumento di registrazione di avvenimenti pubblici (vedi le lamine di *Pyrgi*), liste di magistrati etc. Si attua intanto un progressivo allargamento della pratica della scrittura, che toccherà la punta massima nel II secolo a.C. in ambiente chiusino e perugino, dove le urne cinerarie di schiavi e di liberti recano normalmente iscritta la formula onomastica.

5 Il problema delle origini etrusche, falso problema della storiografia ottocentesca guidata dal mito delle nazionalità, è stato impostato in termini di provenienza già dagli storici antichi. Per Erodoto infatti, storico greco del V secolo, gli Etruschi sarebbero venuti dalla Lidia poco prima della guerra di Troia (XIII secolo); per Dionigi di Alicarnasso, vissuto in età augustea, gli Etruschi sarebbero un popolo da sempre stanziato in Etruria. Ambedue queste tesi sono state riprese da due diverse scuole moderne, l'una delle quali ha visto una prova della provenienza orientale nella cultura orientalizzante, l'altra ha individuato nell'isolamento della lingua etrusca una prova della preesistenza di questo popolo nella penisola italiana prima di ogni migrazione di altri popoli. Un altro filone di studiosi moderni ha inoltre sostenuto la tesi della provenienza degli Etruschi da nord, basandosi sulla somiglianza della cultura villanoviana con quella dei «campi d'urne» transalpini. Di fronte a questi tre modelli di ricostruzione, ognuno dei quali urta contro gravi difficoltà, una salutare svolta al problema fu recata nel 1947 da Massimo Pallottino, il quale richiamò l'attenzione sul fatto che non è corretto impostare, sulla scorta della mentalità antica, il problema della nascita di un popolo in termini di «provenienza». Occorre ragionare invece in termini di «formazione» e studiare concretamente le manifestazioni storiche della civiltà etrusca.

▸ da La terra degli Etruschi, a cura di Salvatore Settis, Scala, Antella, Firenze, 1985

1. Indicate se le affermazioni seguenti sono vere o false. Basatevi solo sul testo (capoverso 1).

	vero	falso
a. La lingua etrusca oggigiorno è interamente comprensibile.	○	☑
b. L'alfabeto etrusco non pone alcun problema di leggibilità.	☑	☒
c. Le iscrizioni etrusche sono leggibili e in gran parte intelligibili.	☑	☒

2. Quali testi ci sono stati tramandati?

a. manoscritti
b. iscrizioni funerarie ✓
c. epigrafi ✓

3. Nel testo si dice che le epigrafi funerarie recano 'una gamma di informazioni ridotta e ripetitiva, limitata di solito ai dati onomastici' (capoverso 1). Di che tipo di dati si tratta?

I dati quando i morti sono stati nasciti *(nati)*

4. Che cosa si sa attualmente della lingua etrusca? Completate (capoverso 2-3).

a. L'etrusco è una lingua *non indoeuropea*

b. Si ipotizza che l'etrusco, come l'idioma dell'isola di Lemno, sia *relitto d'un antica lingua commune mediterranea*

c. Ormai sono perfettamente chiare ....

d. Dell'etrusco si comprendono molte funzioni grammaticali e alcune *funzioni sintattiche.*

5. Completate (capoverso 3).

La ricerca moderna si fonda piuttosto su *ll'evidenza interna (funzionamento) dei testi*

mentre quella precedente si basava su *sterili metodi etimologici* .

6. Quali sono le varie fasi che si possono distinguere nello sviluppo della scrittura etrusca? Mettete le affermazioni a-f nell'ordine cronologico giusto (capoverso 4).

1 a. L'alfabeto viene importato dai greci originari di Euboa.
5 b. L'alfabeto è usato comunemente per iscrizioni funerarie.
4 c. La scrittura viene insegnata presso i santuari.
3 d. L'insegnamento dell'alfabeto è prerogativa delle classi dirigenti.
6 e. La scrittura viene usata per la registrazione di avvenimenti pubblici.
2 f. L'alfabeto è visto come bene di prestigio e strumento di rapporti commerciali.

Ordine cronologico: *a f d c b e*

7. Già gli storici antichi si sono occupati del problema delle origini degli Etruschi (capoverso 5). Completate.

a. Erodoto dice che gli Etruschi *sarebbero venuti dalla Lidia poco prima della guerra di Troia*

b. Dionigi di Alicarnasso dice che gli Etruschi *sarebbero un populo da sempre stanziato in Etruria*

8. Ricostruite la struttura argomentativa del testo, rimettendo nell'ordine in cui appaiono i vari temi che vengono discussi.

5 a. il problema della provenienza degli Etruschi nella storiografia
2 b. le origini della lingua etrusca
4 c. lo stato attuale della conoscenza dell'etrusco
3 d. l'alfabeto e lo sviluppo della scrittura
1 e. la comprensibilità della lingua etrusca

Successione dei temi discussi: ......e b d c a......

9. In età moderna sono state avanzate tre tesi diverse riguardo al problema della provenienza degli Etruschi (capoverso 5). Quali sono?

a. Gli Etruschi sono venuti dall'Oriente. ⦿
b. Gli Etruschi sono venuti dal Sud. ○
c. Gli Etruschi sono venuti dal Nord. ⦿
d. Gli Etruschi sono indigeni dell'Italia centrale. ⦿
e. Gli Etruschi sono un popolo di origine greca. ○

10. Combinate.

a. avanzare   1.   un problema
b. ottenere   2.   una tesi
c. porre   3.   l'attenzione
d. assumere   4.   un'ipotesi
e. sostenere   5.   risultati
f. richiamare   6.   un ruolo

11. Massimo Pallottino è un famoso studioso dell'etrusco. Cercate su un'enciclopedia o su internet alcuni titoli di libri o articoli scritti da lui su questo argomento.

12. Da quale nome di persona o di luogo sono derivati questi aggettivi? Consultate, se necessario, un dizionario. Conoscete altri esempi di aggettivi derivati da un nome di persona o un luogo geografico?

a. lemnio: ......Lemno(s).......   d. perugino: ......Perugia......

b. euboico: ......Eubea......   e. augusteo: ......Augusto......

c. chiusino: ......Chiusi......   f. villanoviana: ......Villanova......

⚡ 31. 6 proprio 3mendo

In questo articolo, apparso sul Corriere della Sera, *il linguista Michele Cortelazzo analizza le caratteristiche linguistiche degli SMS, i messaggini trasmessi attraverso i telefonini. Come esempio è stata aggiunta una lista di 'emoticon', cioè di quelle piccole immagini costruite con i segni grafici, che servono ad esprimere degli stati d'animo. La lista è stata presa dalla rivista* Italiano & oltre.

1. Leggete (ad alta voce) i titoli e i sottotitoli dell'articolo, in cui sono già indicate alcune delle caratteristiche principali del linguaggio degli SMS, definito da Cortelazzo una forma di scrittura 'allegra'. Quali sono?

«6 proprio 3mendo»: dalla lettera ai messaggini in codice

Oralità, concisione, assenza di sintassi: le caratteristiche di una scrittura «allegra»

di Michele A. Cortelazzo

---

a. formalità
b. informalità
c. brevità
d. contenuti in codice
e. lontano dal parlato
f. simile al parlato

---

1 Ogni giorno in Italia vengono scambiati oltre dieci milioni di SMS (short message service), i messaggini che vengono trasmessi attraverso telefonini e vengono visualizzati nel display del cellulare. Un fenomeno comunicativo imponente, nonostante i diminutivi che ho dovuto usare per descriverlo; e tanto imponente quanto volatile: dei milioni di messaggini non resta alcuna traccia durevole. I maggiori utilizzatori degli SMS risultano essere i giovani sotto i 25 anni, quelli che, si dice, non sanno, o non amano, scrivere.

2 A prima vista la diffusione dei messaggini parrebbe sancire la rivincita di Theuth, il dio egizio inventore della scrittura. Dopo che per anni la parola scritta sembrava destinata a un futuro sempre più marginale, soppiantata dalla comunicazione audiovisiva a distanza, ecco che lo sviluppo tecnologico (prima il fax, poi l'e-mail, adesso gli SMS) ridanno valore alla scrittura. Ma alcuni aspetti tecnici degli SMS ci devono spingere alla cautela. I messaggini non possono superare i 160 caratteri; digitare un messaggio dalla tastiera di un telefonino è molto più lento e faticoso di quanto non lo sia dalla tastiera di un computer. Ecco allora che gli SMS sono per loro natura brevi, brachilogici, poco strutturati. In positivo possono essere una provvidenziale scuola di sintesi e un'occasione per sviluppare la creatività, escogitando ogni mezzo possibile per dire di più nel minor spazio; in negativo, possono essere il luogo in cui domina la fatuità, la comunicazione rapida ed occasionale.

3 È noto (ne ha dato qualche esempio anche Severgnini sul *Corriere* del 5 agosto) che si è costituita una forma codificata di scrittura abbreviata, che utilizza, oltre agli scorciamenti delle parole e alle sigle, numeri, segni grafici e piccole immagini costruite con i segni della tastiera. Tanto per fare un esempio, tra i più semplici che si possono costruire: **«C 6 scem8? :-) Xché non vuoi venire +**

alla festa? :-(Quando T C metti 6 proprio 3mendo. Mandami 1 msg, dimmi qcosa. Mi sento xsa. TVTB» (Che vuol dire, 135 caratteri contro 222: «Ci sei scemotto? (Lo dico bonariamente). Perché non vuoi venire più alla festa? (Questo mi rende triste). Quando ti ci metti sei proprio tremendo. Mandami un messaggio, dimmi qualcosa. Mi sento persa. Ti voglio tanto bene»). La grafia corrente ha cercato, insomma, di fare i conti con la brevità e, utilizzando tecniche analoghe a quelle degli amanuensi che dovevano scrivere fogli e fogli di manoscritti, è stata creata una forma di scrittura compendiata, le cui regole sono condivise dai partecipanti alla comunicazione.

4 Dal punto di vista materiale siamo davvero di fronte a un recupero della scrittura; ma da un punto di vista più profondo la rivincita della scrittura è sicuramente limitata. La scrittura dei messaggini mima prepotentemente l'oralità, sia per quel che riguarda le caratteristiche linguistiche, sia per quel che riguarda gli scopi comunicativi per cui viene usata.

5 Gli accorciamenti nella realizzazione delle parole, la elementarità della sintassi, l'ampia presenza di contenuti impliciti, considerati scontati dagli interlocutori, sono tratti dell'orale più che dello scritto. La trascuratezza di grafia e punteggiatura e la velocità di scambio degli SMS non fanno che riproporre le caratteristiche di trascuratezza e di "allegro" tipiche dei dialoghi parlati, in primo luogo quelli giovanili. La mimesi dell'oralità è esemplarmente evidenziata dall'uso di icone come :-) per 'felice' o :-(per 'triste', che indicano l'atteggiamento, lo stato d'animo con cui si emettono i messaggi: esattamente quello che nell'oralità si realizza con la gestualità e la mimica (e non per nulla le icone sopra riportate, ruotate di 90 gradi, rappresentano, in forma stilizzata, un viso felice o triste). Ed anche la funzione comunicativa dei messaggini è la stessa di molti scambi orali: una comunicazione fàtica (una comunicazione che serve soprattutto a dire «ci sono, ti penso, mi sento legato a te, sono come te»), più che una comunicazione informativa (quale c'è, comunque, in una parte dei messaggi, quelli del tipo «ci vediamo alle 3 al solito posto»).

6 La valenza fàtica di molti messaggini è estremizzata in un'altra abitudine invalsa negli adolescenti utilizzatori dei cellulari: quella dello squillo. Si chiama il cellulare di un amico e poi si spegne dopo il primo squillo. In questo modo resta comunque memorizzato il numero del chiamante: segnale silente, ma inequivocabile, e gratuito, di un legame tra persone amiche, anche se lontane. Un grado zero della comunicazione, ma un modo di esprimere vicinanza affettiva molto significativo per i partecipanti a questo nuovo gioco comunicativo.

7 Le caratteristiche linguistiche e comunicative dei messaggini ci fanno capire bene perché la nuova tecnologia ha attecchito soprattutto tra i giovani: perché permette loro di riprodurre, anche a distanza, le caratteristiche di fondo del loro parlato: un parlato che vuole essere prima di tutto uno strumento per tenere legato il gruppo, e per legarsi, o tenersi legati, ad esso; un parlato ricco di smozzicamenti sintattici controbilanciati da un'alta velocità di eloquio, con una forte significatività della componente gestuale; un parlato che utilizza da tempo tratti 'economici', come lo scorciamento delle parole lunghe (dai classici «prof» e «rinco», ai nomi propri di persona «Vale», «Stefi» e via andando, e a quelli di luogo, «Pity» per Pitigliano o «Cone» per Conegliano, ai vari «raga» per ragazzi, «palla» per pallacanestro e così via).

8 La riproposizione di queste caratteristiche del parlato giovanile aveva già trovato accoglienza in alcuni tipi di testi scritti, nelle lettere e soprattutto nelle cartoline tra amici e, ancor più, nei bigliettini che gli studenti (è inutile negarlo, di tutti i tempi) si scambiano più o meno di soppiatto tra i banchi di scuola).

9 Ecco: i messaggini del cellulare sono l'espressione tecnologicamente evoluta, proprio di questa forma testuale. I contenuti trasmessi sono più o meno gli stessi, le forme linguistiche anche, le dimensioni pure. I giovani possedevano da tempo le tecniche per scambiarsi messaggi rapidi, fàtici più che informativi, simili a battute di dialogo. Avevano solo bisogno di uno strumento per nobilitare e moltiplicare questa consolidata capacità. Il telefonino gliel'ha fornito.

10 Il povero Theuth non può quindi festeggiare la propria rivincita, se non sul piano quantitativo: per quanto graforroici possano essere stati, nei banchi (anzi nei sotto-banchi) di scuola, i giovani studenti italiani, è difficile ipotizzare che si scambiassero dieci milioni di bigliettini al giorno.

da Corriere della Sera, 19 agosto 2000

2. Leggete il capoverso introduttivo. Perché la fortuna degli SMS è definita da Michele Cortelazzo 'un fenomeno tanto imponente quanto volatile'?

....

3. La diffusione dei messaggini è, secondo Cortelazzo, un fenomeno positivo e negativo allo stesso tempo (capoverso 2). Quali sono gli aspetti potenzialmente positivi, negativi, o positivi e negativi allo stesso tempo? Elencate e rubricate le varie caratteristiche, inserendole nello schema qui sotto.

Caratteristiche degli SMS			
	positivo	negativo	neutro
a.			
b.			
c.			
d.			
e.			

4. Il linguaggio dei messaggini è fatto di abbreviazioni, sigle, numeri e segni grafici. Leggete il capoverso 3 e fate un esempio.

abbreviazioni: ....

sigle: ....

numeri: ....

segni grafici: ....

5. Perché il linguaggio degli SMS è in qualche modo paragonabile alla scrittura degli amanuensi (capoverso 3)?

....

6. Come è considerato da Cortelazzo il linguaggio dei messaggini? Sottolineate gli elementi testuali che riassumono meglio il suo parere.

... Dal punto di vista materiale siamo davvero di fronte a un recupero della scrittura; ma da un punto di vista più profondo la rivincita della scrittura è certamente limitata. La scrittura dei messaggini mima prepotentemente l'oralità, sia per quel che riguarda le caratteristiche linguistiche, sia per quel che riguarda gli scopi comunicativi per cui viene usato ...

7. Cortelazzo elenca varie caratteristiche linguistiche del linguaggio degli SMS (capoverso 5). Quali sono?

   a. l'uso di parole accorciate
   b. l'elementarietà della sintassi
   c. l'assenza delle congiunzioni
   d. la presenza di molti contenuti impliciti
   e. l'omissione delle preposizioni
   f. la trascuratezza della grafia e della punteggiatura
   g. la velocità di scambio
   h. l'uso di un sistema verbale semplificato
   i. l'uso di icone che imitano i gesti e la mimica

8. Spiegate in italiano o nella vostra madrelingua il significato di 'fàtica' nel passo seguente (capoverso 5):

   … La funzione comunicativa dei messaggini è la stessa di molti scambi orali: una comunicazione fàtica, più che una funzione informativa …

9. Come funziona 'l'abitudine dello squillo'? Perché la si può definire 'un grado zero della comunicazione' (capoverso 6)?

   ....

   ....

10. Sono vere o false le seguenti affermazioni? Mettete la crocetta.

	vero	falso
a. I messaggini hanno innanzitutto la funzione di tener legato il gruppo.	O	O
b. Nei messaggini è assente la componente gestuale.	O	O
c. I messaggini sono paragonabili ai bigliettini che gli studenti si scambiano tra i banchi di scuola.	O	O
d. Gli smozzicamenti sintattici e lo scorciamento delle parole lunghe servono a trasmettere le emozioni di chi scrive.	O	O

11. Indicate nel passo sottostante qual è la tesi e quali sono gli argomenti portati a sostegno di questa tesi (capoverso 9).

... Ecco: i messaggini del cellulare sono l'espressione tecnologicamente evoluta, proprio di questa forma testuale. (**tesi/argomento**) I contenuti sono più o meno gli stessi, le forme linguistiche anche, le dimensioni pure. (**tesi/argomento**) I giovani possedevano da tempo le tecniche per scambiarsi messaggi rapidi, fàtici più che informativi, simili a battute di dialogo. (**tesi/argomento**) Avevano solo bisogno di uno strumento per nobilitare e moltiplicare questa consolidata capacità. Il telefonino gliel'ha fornito... (**tesi/argomento**)

12. Perché secondo Cortelazzo 'il povero Theuth non può festeggiare la propria rivincita, se non sul piano quantitativo' (capoverso 10)?

....

....

Lingua e Media

Ecco una raccolta di *emoticon* ("faccine") ordinate per argomento tratta da:
www.rovax.com/dotcom/wmo/Pagine/emoticon.htm

Faccina	Alternativa	1° Significato	2° Significato
:-)	:)	Sono felice	La frase precedente è scherzosa
:-D		Sto ridendo a crepapelle (di voi)	
:-(	:[	Sono triste, agitato o depresso	Non è piaciuta l'ultima affermazione
:-o	:o	**Oh,** sono stupito	**8-)** Sono stupito!! (occhi spalancati)
:-O		**WOW,** sono molto sorpreso	
:-I		**Hmmm,** indifferente	Sto pensando
:-/		**Hum,** scettico, indeciso	
:'-(		Piango	
:'-)		Sono così contento che sto piangendo di gioia	
(:-(		Sono indispettito	
:-[		Sono particolarmente arrabbiato	L'utente è un vampiro
:-|	(:-|	**No comment,** basito	Imbarazzato (arrossisco)
:-<	<:-(	**WIWI,** tristemente solo	Depresso
:-c	=:-o	Sono scocciato	
:-C		Sono incredulo	
:-~)		**STATI FISICI** Sono raffreddato	
%)	%*|	**Hic,** ho bevuto troppo	Forse ho bevuto troppo
:*)		**Hic,** sono ubriaco	
%')		**Hic,** sono ubriaco fradicio	
%-|		Sorriso da ubriaco	
%+|		Ho fatto a botte (e ho perso).	Mi hanno gonfiato come una zampogna
X-(		Sono appena passato a miglior vita (morto)	Sono candidato suicida
(:-$		Sono malato	
|-O		Sto sbadigliando o russando	

Faccina	Alternativa	1° Significato	2° Significato
		DESCRIVIAMOCI FISICAMENTE	
:-(=)		Ho dei grandi denti	
(:I		Sono una testa d'uovo/pelata (intellettuale)	Sono calvo
:-{)	:-{)	Ho i baffi	Altre varianti :<)
:-{}	:-}	Mi sono messa il rossetto	
:-#		Ho un apparecchio per i denti	Indosso le bretelle
(-:		Sono mancino	
%-|		Sono strabico	
{:-)	{(:-)	Porto il parrucchino	Porto una parrucca
&:-)		Ho i capelli ricci	
P.:-)		Ho i capelli mossi	
=:-)		Ho la testa bagnata	Ho i capelli ritti
B-)		Porto gli occhiali con la montatura di corno	Bat Messaggio
B-)		Porto gli occhiali da sole (ho la vista appannata)	
:^)		Ho il naso rotto	Prendo in giro qualcuno per il suo naso
:-)|		Ho la barba a punta	Ho il pizzo
:-Q		Sono un fumatore	
(:+)		Ho un grosso naso	
(:^(		Ho il naso rotto	
.-)		Ho un occhio solo	
@:-)		Ho il ciuffo	Indosso un turbante
		DESCRIVIAMOCI MENTALMENTE	
<:-I		Sono un asino ignorante o stupido	Sono assai ignorante (indosso un cappello d'asino)
Q:-)		Sono appena laureato	
|-I		Sono addormentato	
%-6		Sono in condizione di "morte cerebrale"	Sono cerebroleso

da Simonetta Losi, www.mi piaci tu, in Italiano & Oltre, 2001

13. Scorrete la lista degli 'emoticon' con i loro significati. Spiegate in italiano o nella vostra madrelingua il significato di:

a. sto ridendo a crepapelle: ....

b. sono scocciato: ....

c. sono ubriaco fradicio: ....

d. ho fatto a botte: ....

e. mi hanno gonfiato come una zampogna: ....

f. sono una testa d'uovo: ....

14. Scorrete la lista degli 'emoticon'. Ci sono alcuni segni che sono gli stessi nella vostra madrelingua? Che cosa significano?

32. Nuove sfide per l'italiano

Segue un'intervista, fatta a Francesco Sabatini, presidente dell'Accademia della Crusca. L'Accademia della Crusca si occupa di tutte le questioni che riguardano la lingua italiana (per l'Accademia della Crusca si veda anche il testo n. 25). Tema principale dell'intervista, apparsa su La Crusca per voi, è l'atteggiamento che l'Accademia deve assumere di fronte ai complessi problemi che si pongono oggigiorno sia per l'italiano, sia per altre lingue europee.

1. Quando, da chi, e per quali motivi fu fondata l'Accademia della Crusca? Consultate internet o un'enciclopedia. Spiegate perché l'istituzione si chiama Accademia della Crusca?

---

1 *1. La "globalizzazione" linguistica avvantaggia o danneggia la lingua italiana?*

La tendenza, o necessità, che porta ad adoperare una sola lingua per la comunicazione "globale", avvantaggia certamente quella sola lingua, ma nello stesso tempo mette tutte le altre alla pari. Se davvero abbiamo bisogno di uno strumento di unificazione linguistica planetaria, specie per le comunicazioni più veloci e altamente tecniche, non cerchiamo di procurarcene anche un secondo, supplementare, che però non raggiunge lo stesso scopo. Lo sforzo di imparare altre lingue, oltre alla propria e a quella "globale", viene rivolto a una o più lingue legate a un interesse particolare, suo o dell'ambiente in cui vive: affari, turismo, studi o altro.

2 Il prepotente affermarsi dell'inglese ha dunque rivoluzionato il mercato delle altre lingue, ognuna delle quali conta per il suo valore specifico, apprezzato di più o di meno nelle varie piazze. A questo si deve, ad esempio, il forte calo, dappertutto, della richiesta del francese, e qualcosa del genere potrà accadere per lo spagnolo, dopo la sua notevole impennata.

3 I "valori" dell'italiano sono certamente molti e di attualità su molti mercati. Per non dimenticarcene, rifacciamone ogni tanto la lista: oltre alle impareggiabili tradizioni di alta cultura e d'arte (che interessano seriamente solo una minoranza, sparsa però in tutto il mondo) abbiamo il turismo, la moda, la gastronomia, lo sport, prodotti tecnologici e di arredamento di altissima diffusione (chi sa che l'80 per cento delle sedie del globo si producono in Italia?), senza dimenticare i legami, sia pure oscillanti, con i milioni di nostri emigrati all'estero.

4 Insomma, se sappiamo far valere ciò che siamo e produciamo, la lingua potrà affermarsi in proporzione. Ma attenzione: la diffusione della lingua richiede anche azioni e strumenti specifici, ossia programmi, materiali e personale docente altamente qualificati. E in questi settori, ahimè, c'è moltissimo ancora da fare ...

---

2. Scorrete il testo, in particolare il capoverso conclusivo. La domanda posta a Sabatini è se la globalizzazione avvantaggi o danneggi la lingua italiana. Qual è la sua risposta al riguardo? Indicate inoltre le frasi dell'intervista che meglio riassumono il suo parere.

a. L'italiano è avvantaggiato: verrà studiato più di prima.

b. L'italiano è minacciato: per la comunicazione globale verrà usato solo l'inglese.

√ c. Il futuro dell'italiano dipende dalle iniziative e dai programmi specifici che verranno sviluppati.

Frasi da cui risulta il parere di Sabatini:

....

....

....

....

....

3. Quali sono secondo Sabatini le conseguenze dell'affermarsi dell'inglese come lingua 'globale'? Riformulate in tre frasi principali il suo ragionamento, basandovi sulle parole ed espressioni sottostanti. Potete usare il dizionario.

prepotente affermarsi • forte calo • notevole impennata

Ragionamento

1. ....

2. ....

3. ....

4. Qual è il significato di 'piazze' in 'apprezzato di più o di meno nelle varie piazze' (capoverso 2)?

....

5. Indicate alcuni settori dove risiedono secondo Sabatini i valori dell'italiano (capoverso 3).

I settori dove l'Italia fa sentire la sua presenza:

1. *informazialità tradizioni* di alta cultura e d'arte   5. lo sport

2. il turismo   6. prodotti tecnologici

3. la moda   7. gli emigranti all'estero

4. la gastronomia

6. Cercate un termine equivalente per le seguenti parole in neretto. Consultate il dizionario, se necessario.

   a. **specie** per le comunicazioni più veloci (capoverso 1): ....

   b. oltre alle **impareggiabili** tradizioni (capoverso 3): ....

   c. senza dimenticare i legami, sia pure **oscillanti** (capoverso 3): ....

   d. e in questi settori, **ahimè** (capoverso 4): ....

7. Parafrasate e riformulate in 15-20 parole il seguente periodo (capoverso 1):

   ... Se davvero abbiamo bisogno di uno strumento di unificazione linguistica planetaria, specie per le comunicazioni più veloci e altamente tecniche, non cerchiamo di procurarcene anche un secondo, supplementare, che però non raggiunge lo stesso scopo ...

   ....

   ....

   ....

8. A quali elementi del testo fanno riferimento i pronomi in neretto (capoverso 3)?

   ... I 'valori' dell'italiano sono certamente molti e di attualità su molti mercati. Per non dimenticarce-**ne**, rifacciamo**ne** ogni tanto la lista ...

   ....

   ....

9. Quanti sono oggi gli italofoni, cioè le persone che parlano l'italiano come lingua materna o lingua seconda? Cercate su internet o su un'enciclopedia delle informazioni riguardo alla posizione attuale della lingua italiana.

L'ITALIA DEL PASSATO

LETTURE IN CORSO 2

 33. Occhiali, bottoni e forchette

 34. In crociera sui laghi

 35. La moda si veste da ragazzina

 36. Il movimento valdese

 37. La cittadella della seta

 38. La via Francigena: premessa

 39. Ville medicee nel contado fiorentino

 40. Alla madre Adele Marin Nievo

33. Occhiali, bottoni e forchette

In questa recensione di Alessandro Barbero, apparsa su Tuttolibri, il supplemento letterario del giornale La Stampa, si parla dell'ultimo libro della storica Chiara Frugoni, intitolato Medioevo sul naso. Nel libro si passano in rassegna gli oggetti inventati nel Medioevo, molti dei quali sono in uso ancora oggi.

Occhiali, bottoni e forchette: li ha inventati il Medioevo

1 SULLA copertina dell'ultimo libro di Chiara Frugoni c'è il faccione d'un uomo rubicondo, con una gran barba bianca e un paio d'occhiali a pince-nez appoggiati sul naso, che scruta con aria leggermente burbera le pagine d'un libro. Potrebbe essere un nano saggio tratto dalle illustrazioni di un libro per ragazzi, o il Babbo Natale d'una vecchia pubblicità della Coca Cola. Invece è il ritratto di un apostolo, opera d'un pittore tedesco anonimo, che lo dipinse intorno al 1439 in un polittico d'altare per la chiesa di Klosterneuburg. Intorno al 1439? Con gli occhiali? Ebbene sì: a quella data i nostri antenati del Medioevo li avevano già inventati da un pezzo; e del resto, secondo l'autrice che si diverte maliziosamente a stupirci, sono stati loro a inventare anche Babbo Natale.

2 Che il mondo come noi lo conosciamo abbia cominciato a prendere forma nel corso del Medioevo, è una verità di cui chi insegna la storia medievale approfitta oggi largamente, per stupire il pubblico con effetti speciali. Immaginiamo di raccontare a un amico: stamattina sono andato all'Università a seguire una lezione, poi sono passato in banca, dal notaio, in comune e all'ufficio del catasto, sono entrato un momento in chiesa a confessarmi, e finalmente sono tornato a casa a mangiarmi un piatto di pastasciutta. Ebbene, supponete di fare questo discorso a Giulio Cesare, e non avrà la più pallida idea di quel che avete fatto in tutto il giorno; immaginate di raccontarlo a Dante, e vi capirà perfettamente senza bisogno di spiegazioni.

3 Ma più delle istituzioni, sono gli oggetti inventati dal Medioevo che Chiara Frugoni squaderna sotto i nostri occhi, in un catalogo arricchito come è suo solito da un'infinità di straordinarie illustrazioni d'epoca. Gli occhiali che compaiono un po' ovunque a partire dal Trecento, in miniature e pale d'altare, sul naso di cardinali e farisei, usurai e padri della Chiesa, e che Petrarca stesso, in una lettera, lamenta d'esser stato costretto a usare in vecchiaia, sono solo l'esempio più vistoso. Ci sono i bottoni e la forchetta, il salame e le carte da gioco, la carriola e l'orologio, il fucile e la bandiera, oggetti ora umili e domestici, ora prestigiosi, ma che tutti fanno saldamente parte del nostro ambiente quotidiano e della nostra attrezzatura mentale.

Immagini da **«Il Medioevo sul naso»** di Chiara Frugoni: oltre cento illustrazioni per ripercorrere gli oggetti di uso quotidiano giunti sino a noi

4 Altre invenzioni non riguardano propriamente oggetti, ma piuttosto l'ambiente e il suo rapporto col corpo; e qui, di nuovo, è giocoforza constatare quanto gli uomini dell'Antichità, che il liceo ci ha abituati a considerare vicini a noi per mentalità forse più di quelli del Medioevo, vivessero in realtà in un mondo fisicamente lontanissimo dal nostro.

5 Un uomo, o una donna, seduto davanti al camino, a scaldarsi col fuoco, sfogliando un libro che tiene aperto sulle ginocchia, e giocando distrattamente col gatto: tante miniature medievali mostrano una scena come questa, che ci è immediatamente familiare. Il difficile è ricordarci che invece gli antichi romani non conoscevano il caminetto, non avevano i libri rilegati ma solo rotoli di papiro, e non tenevano gatti in casa!

6 Un esempio ancora più clamoroso è l'Ultima Cena, che abbiamo visto raffigurata mille volte dai pittori medievali e rinascimentali, tutto sommato abbastanza simile ai nostri pranzi, con tutti i commensali seduti intorno al tavolo: mentre in realtà Gesù e gli apostoli mangiavano sdraiati secondo l'uso antico, come appare chiaramente dal Vangelo di Giovanni, e come si vede ancora a Ravenna in un mosaico di Sant'Apollinare Nuovo.

7 Ma per concludere è ancora sui libri che vorrei tornare, perché costituiscono un filo conduttore che ritorna continuamente nell'itinerario tracciato da Chiara Frugoni. Il suo Medioevo è anche l'epoca in cui il libro, in quanto oggetto, si colloca saldamente al centro della nostra tradizione intellettuale, attraverso successive ondate d'innovazione, ciascuna delle quali venne accolta dai contemporanei con orgoglio ed entusiasmo. La prima fase coincise con la straordinaria crescita degli studi scolastici e universitari nelle città del Due e Trecento.

8 Alla fame di libri provocata dall'aumento della popolazione studentesca si rispose con la diffusione del libro di carta e dei nuovi sistemi di copiatura in serie: come osservava compiaciuto all'inizio del Trecento il domenicano Giordano da Pisa, "le Religioni (cioè gli ordini religiosi), i frati tutto dì fanno libri; ed a Parigi tutto giorno si fanno libri". La seconda ondata fu quella provocata dalla diffusione della stampa, che davvero sommerse l'Europa sotto un diluvio di libri: soltanto a Roma, dopo l'arrivo dei primi stampatori tedeschi, si produssero in dieci anni 160 mila volumi. La trasmissione del sapere entrava in una dimensione nuova, fra la meraviglia e la gratitudine dei contemporanei.

9 Colpisce il confronto con le paure alimentate, al nostro tempo, dalle nuove forme elettroniche di comunicazione e di conservazione delle conoscenze: ma il Medioevo, diversamente da noi, era un'epoca ottimista, e credeva nel progresso.

RECENSIONE Alessandro Barbero

da Tuttolibri, La Stampa, 24 novembre 2001

1. Qual è il particolare che stupisce nel ritratto di un apostolo di mano dell'anonimo pittore tedesco (capoverso1)?

    a. Assomiglia a un nano tratto dalle illustrazioni di un libro per ragazzi.
    b. Ha un paio di occhiali appoggiati sul naso.
    c. Assomiglia al Babbo Natale di una vecchia pubblicità della Coca Cola.

2. Qual è la differenza tra un personaggio storico come Giulio Cesare e, per esempio, Dante e Petrarca (capoversi 2-3)?

    ....

3. Quando sono stati inventati gli occhiali?

    ✓a. prima del 1439
    b. nel 1439
    c. dopo il 1439

4. Quali di questi oggetti sono stati inventati nel Medioevo e quali no? Mettete una crocetta nella colonna giusta (capoversi 3-5).

	sì	no			sì	no
a. i libri rilegati	☑	○	h. il divano	○	☑
b. lo specchio	☒	☑	i. le carte da gioco	☑	○
c. gli occhiali a *pince-nez*	☑	○	j. la carriola	☑	○
d. i rotoli di papiro	○	☑	k. il formaggio	○	☑
e. i ritratti	○	☑	l. il salame	☑	○
f. i bottoni	☑	○	m. il fucile	☑	○
g. l'orologio	☑	○	n. l'arco	○	☑

5. Nel testo sono citate alcune fonti su cui basiamo le nostre conoscenze sull'uso degli occhiali nel Medioevo. Quali sono?

    ....

6. Perché 'L'ultima Cena', come la vediamo raffigurata dai pittori medievali, è da considerarsi un esempio vistoso dello stacco tra il Medioevo e il mondo degli antichi (capoverso 6)?

    ....

7. Sottolineate gli elementi testuali che secondo voi contengono le informazioni chiave del seguente passo (capoverso 7).

   … Ma per concludere è ancora sui libri che vorrei tornare, perchè costituiscono un filo conduttore che ritorna continuamente nell'itinerario tracciato da Chiara Frugoni. Il suo Medioevo è anche l'epoca in cui il libro, in quanto oggetto, si colloca saldamente al centro della nostra tradizione intellettuale, attraverso successive ondate d'innovazione, ciascuna delle quali venne accolta dai contemporanei con orgoglio ed entusiasmo …

8. Nel Medioevo si possono distinguere due tappe importanti nel processo della trasmissione del sapere: la prima nel periodo a cavallo tra il Duecento e il Trecento, la seconda nel Quattrocento. Quali fattori portarono a queste innovazioni nella storia del libro e quali ne furono le conseguenze? Completate lo schema (capoverso 8).

Alcune innovazioni nella storia del libro			
Periodo storico	Tipo di innovazione	Causa	Conseguenze
Duecento/Trecento	a. *libri di carta*	c.	e.
	b. *systeme di copiatura*	d.	*tutte gioni banno libri*
Quattrocento	f. *la stampa*		g. *un diluvio di libri*

9. Perchè il Medioevo, diversamente dalla nostra epoca, era un'epoca ottimista (capoverso 9)?

   ....

10. Cercate un sinonimo per le seguenti espressioni.

    a. Con gli occhiali? **Ebbene sì.**   *Beh sì, davero*

    b. I nostri antenati li avevano già inventati **da un pezzo.**   *un bel po' di tempo fa*

    c. **Non avrà la più pallida idea** di quel che avrete fatto.   *più vago / Non ci capirà niente*

    d. **È giocoforza** costatare che…   *È inevitabile / scontato*

11. Spiegate il seguente passo in italiano o nella vostra madrelingua (capoverso 3).

    … Ma più delle istituzioni, sono gli oggetti inventati dal Medioevo, che Chiara Frugoni squaderna sotto i nostri occhi, in un catalogo arricchito come è suo solito da un'infinità di straordinarie illustrazioni d'epoca …

    Oltre alle organizziona ufficiale, sono l'invenzione del Medioevo, che Chiara
    *   noi*
    Frugoni, dispone scrutinare in un libro piano, comme normale, di una
    grandissima miscuglia d'esemplificazione dal periodo.

12. Qual è la parola estranea? Indicatela.

a. pittore - ritratto - antenati - dipingere

b. mosaico - filo conduttore - polittico - pala d'altare

13. Cercate in un manuale di letteratura, in un'enciclopedia o altre fonti delle informazioni su Petrarca e su *Le Lettere*.

34. In crociera sui laghi

In questo testo, proveniente dalla rivista Bell'Italia, sono descritte le crociere che si facevano nell'Ottocento sul lago di Garda, il lago di Como e il lago Maggiore.

1. Leggete i titoli e le didascalie e guardate le foto. Facendo uso del dizionario, ricercate e sottolineate nei titoli e nelle didascalie delle foto i termini che riguardano in generale la navigazione (esempio: crociera).

Così si andava in crociera sui laghi
È l'inizio dell'Ottocento: salpano i primi battelli...

di Antonio Pagano

1 Siamo per definizione un popolo di navigatori, con tradizioni antichissime. Il varo di una nave è una gran festa, con la madrina che lancia la bottiglia ("Settecento lire di champagne e la Brennero è varata", annuncia un quotidiano di Brescia del 1978), un discorso ufficiale sempre troppo lungo. E l'enfasi dei titolisti: Bianco come un cigno, veloce come un delfino; Un catamarano di nome Stendhal; Il traghetto Intra-Laveno come il ponte di Brooklyn; L'autobus acquatico; A 80 all'ora il pescecane volante. Infine, l'immancabile distico del poeta locale digiuno di regole metriche: "Solca l'agil pin le placid onde / mentre di Desenzan lascia la riva".

2 La storia della navigazione nei tre laghi principali del Nord ha inizio nei primi decenni del XIX secolo e continua oggi con sfreccianti superaliscafi. Un tempo le acque erano percorse dalle barche con tre anelli (le "lucie" manzoniane) e da basse chiatte da trasporto merci, vicino a riva trainate da cavalli. Il 7 luglio 1827 si vara sul Garda il primo piroscafo a vapore intitolato all'Arciduca Ranieri. Fa servizio tra Riva e Desenzano istituendo una rotta che diverrà abituale sul tratto che porta i viaggiatori d'Oltralpe rapidamente e piacevolmente nei dintorni di Brescia.

3 **Scafo in legno, propulsione a ruote**
L'anno precedente, a metà agosto, faceva la sua apparizione sul lago di Como il primo "Lario" (i nomi saranno in più casi replicati) dotato di macchina Foulton Watt a doppio effetto della forza di 12 cavalli, scafo in legno e propulsione a ruote: un pennacchio bianco, un ritmo di pale, un fischio lacerante e una candida scia spumeggiante. Parte da Como alle sei del mattino e arriva a Domaso alle undici. Con l'affermarsi del servizio di navigazione (piroscafi e, via via, motonavi, traghetti, motoscafi, autochiatte, aliscafi) c'è che viaggia per lavoro o per necessità, magari con il tris ferrovia-battello-carrozza o viceversa (grazie a ben congegnate coincidenze) e ci sono molti che realizzano il sogno di una crociera, romantica o vacanziera, diurna o notturna, in coppia sentimentale o in gruppo. "Partire all'alba da

Qui sopra: come godere in terra ferma, dopo la navigazione, le bellezze di Fasano sul lago di Garda; la foto è del 1915.

Milano, Pavia, Varese o Como, farsi impennacchiare di fumo dalla locomotiva, salire sul battello, conquistare un posto, passare l'intera giornata sul lago, rientrare a sera soddisfatti e felici diviene un passaggio d'obbligo per giovani ed anziani, da narrare agli amici affascinati": così scrive uno storico.

4 Secondo i gusti, l'itinerario punta ai molti angoli di bellezze naturali, alla parata di splendide ville, alle reminiscenze storiche o letterarie, alle mistiche solitudini di Santa Caterina del Sasso. I porti più animati sono, sul Garda, Desenzano e Riva, sul lago Maggiore Arona e Stresa, le isole, Cannero con i suoi enigmatici castelli, Laveno, Belgirate e, oltre il confine, Locarno. Sin dal 1828 viene diffuso a bordo un volumetto, *Il viaggio sul Verbano*, descrizione sulle sponde del lago per comodità dei viaggiatori.

5 **Erano gite "storiche" e romantiche**
I crocieristi che salpano da Como amano Menaggio, Bellagio, Tremezzo, Cadenabbia, Cernobbio. Sono tutti luoghi di una villeggiatura ideale, ove il duca Vincenzo di Mantova trascinava il suo seguito debosciato, e ove Manzoni "vedeva" Renzo e Lucia, il Fogazzaro Franco e Luisa di *Piccolo mondo antico*, Hemingway i due amanti di *Addio alle armi*, Piero Chiara i suoi personaggi luinesi, e dove nel 1932 il regista Mario Camerini aveva ambientato la scappatella del giovane Vittorio De Sica che sotto un pergolato cantava "Parlami d'amore Mariù". La gita in battello, con la complicità dello sciabordio, le luci dei tardi meriggi, le musiche di bordo, era un elemento essenziale del corteggiamento.

6 C'era per incoraggiare, a Sirmione, l'autorizzazione di Catullo (*Gaudete vosque*, godetevela anche voi), e c'era la presenza del biologo russo Serge Voronov che prometteva perenne giovinezza agli anziani. I battelli si adeguavano: cominciarono a funzionare i servizi di ristorante, animati da orchestrine con spazio per il ballo; si distinse la prima classe dalla seconda; furono approntati salottini riservati e nel 1924, dal momento che la sigaretta conferiva un certo fascino, furono allestiti dei discreti *fumoirs*, come si diceva allora. Era la stagione del liberty e la Belle Époque che disegnava i lampioni dei lungolaghi, le lampade sui tavoli, gli abiti delle signore, i vezzosi ombrellini, gli allettanti manifesti. A bordo funzionava

Qui sopra: l'imbarcadero di Como, nella animatissima piazza Cavour; la foto risale all'ultimo decennio dell'800.

sin dal 1841 un ufficio per il cambio tra franchi, lire e monete austriache. Già, perché nella lunga storia anche questi piccoli oceani, trasformati in zone di confine, hanno dovuto sopportare le guerre – da quelle d'indipendenza alla seconda mondiale – e i ponti gremiti di gitani ferragostani sono stati in altri momenti convogli di profughi, assembramenti di garibaldini e di soldati, obiettivi di bombardamenti.

7 Come la grande marina, anche questa ha avuto i suoi Titanic: lo "Zanardelli" (classe 1903) che nel 1978 urta non un iceberg, ma un lastrone e rischia il naufragio; la vaporiera "Sesia", tragittante tra Limone e Salò, che si incendia nel 1860 per lo scoppio di una caldaia; il "Lecco" che nel 1927 si inabissa al pontile numero 4 di Como davanti ad una folla sbigottita; il "Brunate" speronato dal "Menaggio" al pontile di Bellagio nel 1941. Le cronache descrivono folle agitate, autorità frenetiche, interminabili resoconti per molti giorni, anche per celebrare gli eroismi dei soccorritori. Non c'era Leonardo Di Caprio, ma altri belli sì, e l'avventura era sempre affascinante. E le Maldive? Chi le conosceva?

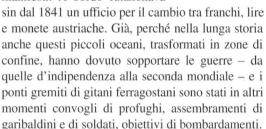

Qui a lato: il piroscafo attracca a Bellagio, una delle splendide perle del Lario, già tra '800 e '900 frequentata dagli stranieri

2. La storia della navigazione nei tre laghi principali del Nord conosce alcune tappe importanti, con l'introduzione di nuovi tipi di nave. Completate lo schema con le informazioni nel capoverso 2.

Periodo	Tipo di nave
Intorno al 1800	a.
7 luglio 1827	b.
Agosto 1826	c.

3. Dopo i primi decenni dell'Ottocento, con l'affermarsi del servizio di navigazione sul lago di Como, c'è sempre più gente che viaggia, non solo per motivi di lavoro ma anche per andare in crociera, a volte con la combinazione di ferrovia, battello e carrozza. Descrivete una giornata di crociera di un milanese dell'epoca (capoverso 3).

....

....

4. Durante il periodo del Liberty e della Belle Époque i battelli si adeguarono alle esigenze sempre più sofisticate dei crocieristi. Quali furono le innovazioni introdotte?

1. *servizio ristorante* ....

3. ....

2. ....

4. ....

5. Perché a partire dal 1841 funzionava anche un ufficio di cambio sulle navi (capoverso 6)?

....

6. Nel corso degli anni ci fu anche una serie di incidenti. Completate lo schema.

Anno e nome della nave	Tipo di incidente
1860, la 'Sesia'	a.
1927, il 'Lecco'	b.
1941, il 'Brunate'	c.
1978, lo 'Zanardelli'	d.

7. Qui trovate una serie di termini che riferiscono a tipi di nave (esempio: 'traghetto'), a parti della nave o fenomeni collegati ad essa (esempio: 'ponte'), e a delle attività legate alla navigazione (esempio: 'percorrere le acque'). Metteteli nella rubrica giusta. Usate il dizionario.

il catamarano - la pala - salpare - varare una nave - l'aliscafo
il piroscafo - lo scafo - il pennacchio - imbarcare - la scia - la chiatta
il motoscafo - lo sciabordio - attraccare - la vaporiera

Tipo di nave	Parti della nave/Fenomeni collegati	Attività

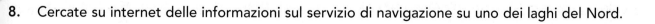

8. Cercate su internet delle informazioni sul servizio di navigazione su uno dei laghi del Nord.

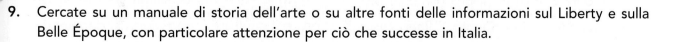

9. Cercate su un manuale di storia dell'arte o su altre fonti delle informazioni sul Liberty e sulla Belle Époque, con particolare attenzione per ciò che successe in Italia.

⬆ 35. La moda si veste da ragazzina

Nel periodo del boom economico degli anni '50 e '60 nella moda italiana si fa strada un nuovo concetto di eleganza, come è spiegato in questo testo dal volume Moda italiana 1950-1970. *Sono gli anni della morte dell'abito da ballo e della nascita del prêt-à-porter, il vestito confezionato in serie.*

Il "boom" economico. Verso la nascita del prêt-à-porter

All'indomani della ricostruzione post-bellica, il nuovo decennio si apre all'insegna del consolidamento del benessere e di una conseguente sicurezza esistenziale. In un'Italia entrata nel 1957 nel Mercato Comune Europeo, con un sensibile aumento demografico, l'industrializzazione è un dato di fatto. Alle soglie degli anni sessanta nel nostro paese circolano due milioni di automobili, ci sono quattrocentomila lavatrici e un milione e seicento frigoriferi. Il miracolo economico è ormai avvenuto e, scomparsa la necessità di ostentare lusso e ricchezza, si fa strada un nuovo concetto di eleganza, caratterizzato da essenzialità e rigore. Dopo gli anni dell'euforia revivalistica, riaffiorano con prepotenza la passione per l'attualità, con le sue mutevolezze, e la curiosità nei confronti di un futuro pieno di promesse. Lo stile, abbandonata la linea curva e romantica degli anni addietro, vede riemergere prepotentemente una linea dritta, quasi stilizzata, che strizza l'occhio alle sperimentazioni spaziali. La nuova moda, sostituito il più delle volte l'abito da ballo con quello da cocktail, assisterà all'imporsi di una silhouette essenziale, contraddistinta da un punto vita non evidenziato e da gambe in primo piano. La minigonna, sulla cui invenzione è fiorita una vera e propria letteratura, è il simbolo di una nuova femminilità che verrà progressivamente affermandosi, ed è il simbolo della donna emancipata, che usa la pillola anticoncezionale e che rivendica la libertà sessuale. Scomparsa la maggiorata, il prototipo di bellezza caratteristico di quegli anni è quello di una donna-bambina simile a Lolita, una tipologia insolita e dicotomica che oscillerà tra una donna grissino vagamente androgina, alla Twiggy, e un'adolescente acerbamente maliziosa, alla Brigitte Bardot. Unico minimo comune denominatore: la giovinezza. Come ha sottolineato Yves Saint Laurent, se negli anni cinquanta "le figlie volevano assomigliare alle madri, ora è il contrario": la moda si democratizza e si veste da ragazzina.

1. Riportate i cambiamenti economici e sociali che hanno avuto luogo nell'Italia della fine degli anni Cinquanta, così come sono descritti all'inizio di questo articolo.

   a. ....

   b. ....

   c. ....

2. Che cosa caratterizza la moda degli anni del miracolo economico? Sottolineate le espressioni usate nel testo a tale proposito.

   essenzialità - linee curve e romantiche
   linee dritte e stilizzate - abito da ballo
   sperimentazioni spaziali - rigore
   lusso - ricchezza - abito da cocktail

3. Come si spiega il successo della minigonna?

   è il simbolo — — — sessuale

4. Quali di queste definizioni si applicano al prototipo di bellezza degli anni cinquanta e sessanta?

   a. la donna magra vagamente androgina ✗
   b. la donna piena e formosa ✓
   c. la donna-bambina alla Lolita ✗
   d. la donna matura ✓
   e. la donna adolescente ✗
   f. la donna maliziosa alla Brigitte Bardot ✗

5. Cercate sul dizionario espressioni equivalenti per:
   subito dopo
   a. **all'indomani** della guerra: il giorno seguente

   b. **all'insegna** del consolidamento del benessere: alla bandiera, stendardo, striscione al striscione (m)

   c. **alle soglie** degli anni Sessanta: alla commincia inizio

   d. gli anni **addietro**: precedente prima, l'altro ieri

?

6. Nel testo figurano alcune costruzioni con un participio passato, aventi il valore di una frase temporale, come 'Il miracolo economico è ormai avvenuto e, **scomparsa** la necessità di ostentare lusso e ricchezza, si fa strada un nuovo concetto di eleganza...'. Questa frase può essere riformulata come: **Dopo che/quando** il miracolo economico avvenne, scomparve la necessità di ostentare lusso e ricchezza.

Cercate nel testo altri tre esempi di costruzioni con un participio passato con il valore di una frase temporale.

a. *abbandonata la linea curva* ✓

b. *sostituito il più delle volte, l'abito da ballo con quello da cocktail*

c. *Scomparsa la maggiorata, il prototipo di bellezza*

7. Cercate nel testo cinque termini che vi sembrano caratteristici del linguaggio della moda.

1. **prêt-à-porter**

2. *lusso e ricchezza*

3. *eleganza*

4. *essenzialità e rigore*

5. *la linea curva e romantica*

linea diritta, quasi stilizzata
abito da ballo / da cocktail
silhouette ✓ *un punto vita* ✓

8. Quali stilisti italiani conoscete? Cercate delle informazioni su uno di loro. Consultate internet o altre fonti.

(gambe in primo piano) ✓

Minigonna ✓

simbolo di femminilità

⬧ 36. Il movimento valdese

In Breve storia di un movimento Giulia Barone traccia la storia del movimento valdese, il gruppo di rinnovamento religioso capeggiato da Pietro Valdo, ricco mercante di Lione, che nel 1174 donò ai poveri i propri beni e si dedicò alla predicazione del Vangelo. I seguaci di Valdo, chiamati anche 'poveri di Lione' furono condannati e scomunicati dal sinodo di Verona. Ciononostante trovarono molti adepti, soprattutto nell'Italia settentrionale. Con l'adesione alla riforma protestante, nel Cinquecento il movimento ereticale si trasformò in chiesa riformata. La chiesa valdese conta oggi circa 30.000 membri in Italia.

BREVE STORIA DI UN MOVIMENTO

di *Giulia Barone*

Un venditore di libri di Avignone, accusato di essere valdese, viene bruciato con due bibbie intorno al collo.

1. Nell'Italia settentrionale e nella Francia meridionale, nel XII secolo nacquero molti gruppi e movimenti ereticali oltre al movimento valdese, come i catari e i 'poveri lombardi', citati nel testo. Cercate su un'enciclopedia informazioni sui seguenti concetti:

   eterodossy   monachism/monasticism

   catarismo - manicheismo - eterodossia - monachesimo

2. Per capire il testo sono fondamentali alcuni termini, relativi alla chiesa e alla religione. Se non li conoscete, cercatene il significato sul dizionario.

   eretico - ereticale ....

   conversione ....

   chierico *cleric* ....

   laico ....

   scomunicare ....

   clero *clergy* ....

   (Sommo) pontefice ....

   arcivescovo ....

   Purgatorio ....

1   Il movimento valdese, oggetto di questo *dossier*, possiede un'indiscutibile originalità: movimento nato all'interno dell'ortodossia, ma giudicato ben presto ereticale, è il solo superstite – sia pure attraverso l'adesione alla Riforma protestante – dei tanti gruppi eterodossi medioevali. Il suo nome deriva da quello del fondatore Valdo, che a lungo la storiografia ha conosciuto come Pietro Valdo, e la cui biografia, ad onta dei tanti sforzi dispiegati da ricercatori di ogni paese, continua a presentare non pochi punti oscuri. La «conversione» di Valdo, ricco mercante – secondo la tradizione più accreditata – della fiorente città di Lione dovrebbe essere datata tra il 1170 ed il 1175 e rappresenta uno dei tanti sintomi di quel risveglio evangelico che, nel corso del XII secolo, aveva dato vita ad Ordini nuovi, all'esperienza sempre al limite tra ortodossia ed eterodossia dei predicatori itineranti e a gruppi francamente eterodossi. Quello che accomuna tutte queste variegate forme di religiosità è un bisogno di vivere integralmente il Vangelo, la scelta di una vita povera nei fatti e non solo spiritualmente, come quella praticata dal monachesimo tradizionale ed un alto senso della responsabilità nei confronti del prossimo, cui va annunciata la verità.

2   Secondo la tradizione, Valdo si sarebbe convertito dopo aver ascoltato la Canzone d'Alessio, testo volgare diffusissimo all'epoca, in cui si narravano le gesta di un ricco giovane romano che, la notte delle nozze, aveva abbandonato sposa e ricchezze per seguire l'esempio del Cristo povero e pellegrino. Secondo altri, decisivo nel far maturare il cambiamento di vita del mercante lionese sarebbe stato – così come più tardi per Francesco d'Assisi – il brano evangelico noto come «la vocazione del giovane ricco»: «se vuoi essere perfetto, va', vendi quello che hai e dallo ai poveri, e avrai un tesoro nel Cielo; poi vieni e seguimi» (Matth. XIX, 21).

3   Quel che pare certo è che Valdo, dotate le figlie per farle entrare nel monastero di Fontevraud, fondato dal più celebre forse dei predicatori itineranti Robert d'Arbrissel, e lasciato un terzo delle sostanze alla moglie, avrebbe distribuito il resto ai poveri ed intrapreso una vita di povertà e predicazione.

4   Il contenuto della predicazione valdese, per quanto si può ricostruire attraverso le testimonianze contemporanee – tutte non valdesi – sarebbe stato prevalentemente penitenziale, con una forte sottolineatura in favore delle «buone opere», necessarie alla salvezza. Come laico, Valdo non aveva diritto di predicare; ciò lo avrebbe posto quasi immediatamente in urto con l'arcivescovo di Lione, per quanto non gli si attribuisse alcuna posizione ereticale. Nel 1179 egli si sarebbe allora recato a Roma per esporre il proprio capo al Sommo pontefice; questi avrebbe approvato la sua «forma di vita» e gli avrebbe anche concesso l'autorizzazione a predicare, ma avrebbe altresì lasciato l'ultima parola, in merito alle procedure da adottare, all'arcivescovo. Nel 1180 sarebbe perciò stata richiesta a Valdo, quale garanzia di fedeltà alla Chiesa, una sorta di professione di fede, da cui emerge chiaramente la sua assoluta ortodossia. Per ragioni non ancora ben chiarite, a Valdo e ai suoi compagni venne però praticamente interdetta la predicazione; forse la critica nei confronti del clero era troppo aperta, forse anche giocò contro di loro la presenza, tra i predicatori, anche di donne, cui Roma aveva sempre vietato l'attività pastorale. A questo punto si profila la rottura. Valdo, di fronte ai divieti dell'arcivescovo, avrebbe risposto che «è necessario obbedire più a Dio che agli uomini» e avrebbe continuato nel suo apostolato. Scattò allora (a Verona nel 1184) la scomunica papale che colpisce chi predica «senza missione», cioè senza mandato esplicito della Chiesa. Gli anni che seguirono furono certamente dolorosi per Valdo, di cui si perdono però rapidamente le tracce; non è sicura neanche la data della morte, che i più collocano intorno al 1205-7. I valdesi, forti della loro ortodossia, continuarono a lungo a sperare in un ravvedimento di Roma, e pare che, nelle campagne provenzali della fine del XII secolo e l'inizio del XIII secolo, fossero in molti, chierici e laici, a non considerarli veramente eretici, visti anche i loro continui sforzi, intesi a salvaguardare l'ortodossia contro i catari. Ma, impercettibilmente e necessariamente, la loro situazione di «emarginati» dalla comunità ecclesiale li conduceva verso l'eterodossia. Non di rado, anche se Valdo pare abbia condannato decisamente tale pratica, si ricorreva a un secondo battesimo, anche da parte di un laico, se si considerava che il chierico che lo aveva amministrato fosse indegno o corrotto. Sempre più netto, infine, era il rifiuto del Purgatorio. Altri problemi sorsero con le comunità valdesi diffuse nell'Italia settentrionale (Poveri lombardi) che praticavano – contro l'insegnamento del fondatore – il lavoro manuale associato alla predicazione. E si arrivò ad una rottura intorno al 1205. Pochi anni più tardi, pochissimi anni dopo la morte di Valdo, una frangia dei suoi seguaci, con a capo il suo fedele collaboratore, Durando di Osca, rientravano nell'ortodossia, dando vita ai Poveri cattolici. Ma una parte cospicua dei valdesi non accettò di sottomettersi a Roma. Difficile è però seguirne la storia, confusi come spesso appaiono nelle fonti con altri movimenti eterodossi. A volte si ha persino l'impressione che alcuni, accusati di manicheismo o catarismo, fossero in realtà valdesi, ma il «prestigio negativo» del catarismo avrebbe finito per nascondere agli occhi degli inquisitori le altre presenze eterodosse nel Sud della Francia.

5   Dei valdesi, come di tutti gli eretici medioevali, è difficile scrivere la storia, condannati come siamo a conoscerli quasi esclusivamente attraverso la testimonianza degli avversari o di chi, tra loro, è rientrato in seno all'ortodossia. L'unica certezza che abbiamo è che essi riuscirono a sopravvivere, soprattutto nelle valli alpine, dove meno forte era la presenza repressiva della Chiesa e dell'autorità civile, fino agli albori dell'età moderna.

3. Scorrete il testo e completate lo schema della biografia di Pietro Valdo, inserendo gli avvenimenti che ebbero luogo negli anni indicati.

Anno	Avvenimento
a. 1170	
b. 1179	
c. 1180	
d. 1184	
e. 1205	
f. 1205-1207	

4. Leggete il capoverso iniziale. Sono vere o false le seguenti affermazioni?

	vero	falso
a. Molti gruppi eterodossi nati nel Medioevo esistono ancora.	○	⊘
b. La biografia di Pietro Valdo contiene vari punti oscuri.	⊘	○
c. Il XII secolo è caratterizzato da un generale risveglio religioso.	⊘	○
d. A differenza dei gruppi ereticali, i predicatori itineranti predicano la scelta di una vita povera.	⊘	○

5. Indicate la frase che riassume meglio il contenuto del secondo capoverso.

a. Decisivo per la conversione di Pietro Valdo fu l'ascolto della Canzone d'Alessio.

b. Con la sua conversione Pietro Valdo si è sicuramente fatto ispirare dall'esempio di Francesco d'Assisi. *✗*

c. Non sappiamo con esattezza quali motivi hanno portato Pietro Valdo alla conversione. *✓*

6. Completate (capoverso 3).

Valdo fece entrare le figlie nel .....*monastero*............ di Fontevraud, che fu ....*fondato*................ dal predicatore itinerante Robert d'Arbrissel. Lasciò ....*un terzo*............ dei suoi beni alla moglie.

Dopo aver ...*distribuito*............. il resto ai poveri si dedicò ad una vita di povertà e predicazione.

7. Indicate il significato di 'per quanto' nelle seguenti frasi (capoverso 4):

a. Il contenuto della predicazione valdese, *per quanto* si può ricostruire attraverso le testimonianze contemporanee, sarebbe stato ...
   nella misura in cui / benché

b. Ciò lo avrebbe posto quasi immediatamente in urto con l'arcivescovo di Lione, *per quanto* non gli si attribuisse alcuna posizione ereticale.

nella misura in cui / benché

8. Spiegate il significato del condizionale nello stesso capoverso ('sarebbe stato', 'lo avrebbe posto', ecc.).

....

....

9. Quali fattori potrebbero aver contribuito alla scomunica del papa (capoverso 4)?

a. Tra i predicatori valdesi c'erano anche delle donne a cui la Chiesa aveva vietato l'attività pastorale. ⊙ ✓

b. Valdo si rifiutò di professare la sua fedeltà alla Chiesa. ○ ✗

c. Il papa, che non approvava la forma di vita di Valdo, non volle concedergli l'autorizzazione a predicare. ○ ✗

d. La critica dei valdesi nei confronti del clero era troppo aperta. ⊙ ✓

10. Inizialmente i valdesi non erano considerati veramente eretici, a differenza dei catari. Quali fattori li spinsero poi verso l'eterodossia?

a. ....   c. ....

b. ....   d. ....

11. Che cosa successe dopo la morte di Valdo? Indicate le affermazioni giuste (capoversi 4 e 5).
    a. 1. La maggior parte dei seguaci di Valdo rientrò nell'ortodossia. *solo una frangia*
       2. La maggior parte dei seguaci di Valdo rifiutò di sottomettersi a Roma. ✓

    b. 1. Certi eretici accusati dall'Inquisizione erano forse in realtà valdesi. ✓
       2. Le idee più radicali dei catari hanno fortemente influenzato i valdesi in un secondo momento.

    c. 1. I valdesi sopravvissero soprattutto nelle valli alpine. ✓
       2. I valdesi si stabilirono nel Sud della Francia, in Provenza. ✗

12. Perché, secondo Giulia Barone, è difficile scrivere la storia degli eretici?

....

37. La cittadella della seta

In questo testo, apparso su I viaggi di Repubblica, *il supplemento del quotidiano* La Repubblica, *si parla della manifattura di sete fondata intorno al 1776 dal re Ferdinando IV di Borbone a San Leucio, una località non lontana dal palazzo reale di Caserta.*

1. Cercate su internet, su un'enciclopedia o su un libro di storia delle informazioni su Ferdinando IV di Borbone, re del Regno di Napoli e delle Due Sicilie. Ferdinando IV fu chiamato anche 'Re Nasone' o 'Re Lazzarone'. Da dove derivano questi due soprannomi?

LA CITTADELLA DELLA SETA

SAN LEUCIO BENEVENTO

A POCHI CHILOMETRI DALLA **REGGIA** DI CASERTA SI RESPIRANO LE ANTICHE ATMOSFERE **SETTECENTESCHE** E SI REALIZZANO TESSUTI DI GRANDE **BELLEZZA** E PREGIO. IL PAESAGGIO È SPLENDIDO, I **BOSCHI** SONO RIGOGLIOSI, I VIGNETI E I CAMPI BEN **COLTIVATI**

TESTO DI **NICOLETTA SPELTRA**

Il grande paesaggista Jacob Philipp Hackert, pittore di corte di re Ferdinando IV di Borbone, pare usasse dipingere ampie distese di cielo azzurro sulle sue tele per renderle più grandi possibile perché queste gli venivano retribuite in base alla dimensione, con cinquanta ducati al palmo. Quando, nell'estate del 1782, si trovò a dover rappresentare l'amena collinetta di San Leucio non ebbe, però, bisogno alcuno di ricorrere a questo espediente. Prese pochissimo blu dalla sua tavolozza, quella volta, e lasciò che la scena del dipinto si riempisse di morbidi declivi illuminati dall'oro del grano maturo e rallegrati dai giochi festosi di giovani contadini, riuniti durante una pausa della mietitura. Hackert aveva idealizzato il soggetto della sua opera con

questa rappresentazione bucolica di un mondo incantato, di un'Arcadia vagheggiata e lontana. Ma non del tutto. Perché per la collina di San Leucio, con i suoi boschi rigogliosi, i vigneti e i bei campi coltivati, il re aveva sempre avuto una grande predilezione, tanto da farne una piccola oasi di pace, quasi un regno nel regno. Il luogo è vicinissimo alla reggia di Caserta e addirittura confinante con le estreme propaggini settentrionali del suo territorio. Da lontano si può vedere il bosco del parco reale affondare e confondersi in quello di San Leucio. Ma per il sovrano il posto era distante quanto bastava dal "rumore della corte", era ricco di cacciagione e, soprattutto, come malignavano i suoi numerosissimi detrattori, di belle villanelle. Ferdinando spiegava molto diversamente le sue ragioni: "Nella magnifica abitazione di Caserta, cominciata dal mio augusto Padre, proseguita da Me, non trovava il silenzio e la solitudine atta alla meditazione ed al riposo dello spirito; per la qual cosa cercando luogo più appartato che fosse quasi un romitorio trovai adatto il colle di San Leucio...". Che i motivi fossero questi o altri, fatto sta che egli decise di realizzare proprio su queste terre un grande esperimento sociale, un sogno illuministico destinato a diventare in gran parte realtà e ad arrivare fino ai nostri giorni. Intorno al 1776 fondò qui una manifattura di sete la cui fama sarebbe giunta ben al di là dei confini del regno di Napoli e delle Due Sicilie. "Nei grandi pranzi, nelle feste, nei ricevimenti, le dame della corte sfoggiavano in gara con la regina e le principesse reali, i veli, le nobiltà, le floranze e gli ormesini leuciani e il re stesso si presentava al baciamano vestito dei serici prodotti della fabbrica sua", scrive Giuseppe Tescione nel 1937. Per gli abitanti del luogo, che intanto crescevano e si moltiplicavano grazie alla bontà del clima, alla tranquillità ed alla pace domestica di questa vita che trascorreva scandita dal battito dei telai, il sovrano costruì, inoltre, case e scuole e trasformò in chiesa lo splendido edificio del Belvedere, edificato nel Cinquecento dai

[annotazioni a margine: feudal lords / spinning mills / silk workers / forward? / scoundrel / crimes / events / smashed himself / dream / suburb / behind / flats / now and again / appearance / on the other side]

feudatari di Caserta, gli Acquaviva. Ne nacquero veri e propri gioielli architettonici di gusto neoclassico firmati dall'architetto Francesco Collecini, allievo del grande Luigi Vanvitelli, il geniale artefice del vicino palazzo reale. Poi Ferdinando realizzò il suo capolavoro: nel 1789, per regolare la vita della piccola comunità di setaioli, promulgò un codice di leggi tanto avanzato da essere considerato un'ardita anticipazione dei più moderni ordinamenti civili e tanto famoso da contribuire almeno in parte a smentire l'immagine di Re Lazzarone con cui la storia lo avrebbe etichettato, a memoria dei suoi misfatti. La cattiva fama gli venne, si sa, dalle drammatiche vicende della rivoluzione napoletana del 1799, contro le quali andò ad infrangersi anche il sogno di Ferdinandopoli, una grande e moderna città industriale che avrebbe dovuto avere come fulcro proprio la Real Colonia di San Leucio. Ma il più era fatto e la testimonianza concreta di questa bella "utopia realizzata" è ancora qui, in questa frazioncina alle spalle di Caserta, tra gli eleganti caseggiati operai allineati lungo via San Carlo e via San Ferdinando, nella chiesa, tra le sale dell'appartamento reale e quelle delle anti-

che filande, restaurate e trasformate in enormi spazi espositivi. Per difendere l'armonia di questo territorio e di queste costruzioni dalle insidie dell'abusivismo, la cittadella della seta è stata inclusa nel '97, insieme alla reggia vanvitelliana, nella World Heritage List dell'Unesco, la prestigiosa lista del patrimonio mondiale dell'umanità. A San Leucio, intanto, le antiche atmosfere settecentesche, con la loro raffinata leggerezza, tornano a rivivere, di tanto in tanto, nelle grandi occasioni, grazie alle comparse del corteo storico, che sfilano nei loro abiti di seta. L'avventura produttiva continua, invece, di giorno in giorno, anche se quella comunità di eguali regolata dallo statuto di Ferdinando da molto tempo non esiste più. La tradizione si perpetua grazie all'attività di alcune famiglie del posto che hanno saputo unire l'antico patrimonio di tecniche e sapienza artigianale alle più moderne tecnologie per realizzare ancora tessuti di grande bellezza e pregio, come damaschi, lampassi, broccati... E se quelli antichi hanno vestito sovrani e arredato palazzi reali, quelli di oggi non sono da meno e si possono trovare anche al Vaticano, al Quirinale e, al di là dell'oceano, nella Sala ovale della Casa Bianca. ■

da I viaggi di Repubblica, 12 aprile 2001

2. Il pittore di corte di Ferdinando IV, il paesaggista Jacob Philippe Hackert, fu incaricato di dipingere un grande quadro per il re. Che cosa <u>non</u> si vede sul dipinto?

   a. l'oro della collina di San Leucio con il grano maturo

  X b. le grandi distese azzurre del cielo di San Leucio

   c. i giovani contadini, riuniti durante una pausa della mietitura

3. Quali ragioni addusse Ferdinando IV per giustificare la sua preferenza per il colle di San Leucio?

cerca luogo più appartato che fosse quasi un romitorio, ma non troppo lontano dalla reggia di Caserta

4. Indicate se sono vere o false le seguenti affermazioni.

	vero	falso
a. La manifattura di sete era famosa solo all'interno del regno di Napoli e delle Due Sicilie.	○	⊗
b. Nelle feste e nei ricevimenti di corte il re, la regina, e le principesse vestivano le sete prodotte dalla fabbrica di San Leucio.	⊘	○
c. Il re costruì per gli abitanti non solo case e scuole, ma persino un ospedale.	○	○ x?
d. Luigi Vanvitelli e Francesco Collecini erano i due architetti di corte di Ferdinando IV.	⊘	○

5. Completate.

Nel 1789, per regolare la vita degli operai della fabbrica della seta di San Leucio, Ferdinando IV pro-

mulgò un ......*codice di leggi*...... molto avanzato che fu considerato un' *ardita anticipazione* ....

dei più moderni ordinamenti civili. La sua utopia era quella di ..*una grande e moderna città* *industriale*.., che sareb-

be dovuta chiamarsi Ferdinandopoli. Il grande sogno di Ferdinando si infranse però nelle dramma-

tiche vicende della ..*rivoluzione napoletana*... del 1799. Ora, grazie al fatto che gli edifici di San Leu-

cio figurano sulla lista del patrimonio mondiale dell'umanità dell'Unesco, si possono ammirare, oltre

alla chiesa e alle sale dell'appartamento reale, le antiche ....*filande*........, restaurate e tra-

sformate in spazi espositivi.

6. Rileggete il passo finale. Grazie all'iniziativa di alcune famiglie di San Leucio che hanno saputo unire le antiche tecniche artigianali alle più moderne tecnologie, la fabbrica della seta fondata da Ferdinando IV esiste tuttora. Dove, per esempio, si possono trovare adesso le sete prodotte a San Leucio?

....*al Vaticano, al Quirinale, e anche nella sala ovale della casa Bianca.*....

7. Cercate nel testo parole che appartengono al campo tematico di 'pittore', 'seta', 'corte'.

a. Pittore	b. Seta	c. Corte
1. **paesaggista**	1. **tessuto**	1. **re**
2. *tela*	2. *veli*	2. *sovrano*
3. *tavolozza*	3. *fiorenze*	3. *regno*
4. *scena*	4. *serici*	4. *reggia*
5. *rappresentazione*	5. *filande*	5. *regina*

pomposo, annoioso, ando (handwritten)

⚡ 38. La via Francigena: premessa

In questa premessa lo storico Renato Stopani introduce l'argomento del suo libro, uno studio dedicato alla via Francigena. Nel Medioevo la via Francigena portava dalla Francia a Roma, meta di un continuo flusso di pellegrini. Nel libro vengono discussi la nomenclatura, gli itinerari e l'importanza per la vita economica e sociale del tempo di questa antica strada medievale.

Premessa

1   A differenza delle strade romane, che possedevano una loro nomenclatura ufficiale, le strade medievali si distinguevano per l'assunzione di veri e propri soprannomi, che derivavano loro dai caratteri ambientali delle zone attraversate, dalla pericolosità di determinati tratti, dall'origine o dalla meta finale del percorso. Nel Medioevo l'appellativo «francigena» o «francesca» era dato a una direttrice viaria che nel suo svolgersi poteva anche assumere denominazioni diverse, ma che sempre si caratterizzava per il suo «orizzonte» internazionale, in quanto serviva a mettere in comunicazione le città del regno italico col mondo d'oltralpe. La via, specie nella Padania, ove il suo tracciato si ramificava per la varietà dei valichi alpini, non di rado mutava il suo nome in «romea», essendo più ricca di suggestioni per le popolazioni cisalpine la meta romana. Questa duplice denominazione, ad ogni modo, caratterizzerà la strada per tutto il Medioevo e lungo tutto il suo percorso, dato che uno dei capi dell'itinerario era rappresentato, appunto, dalla città santa dell'Occidente, l'altera *Jerusalem* verso cui si muoveva un flusso ininterrotto di pellegrini.

2   In origine questo libro avrebbe dovuto costituire una sorta di aggiornamento del mio La via Francigena in Toscana. Storia di una strada medievale (Firenze, Salimbeni, 1984), per una revisione resa indispensabile dalle numerose, recenti acquisizioni storico-topografiche. Ma in seguito, allorché sempre più si faceva manifesta la necessità di una nuova stesura del testo, è nata l'idea di tracciare un quadro più completo delle vicende storiche della strada, ricostruendone i tracciati per tutto il loro percorso, da Roma alle Alpi. Se infatti negli ultimi tempi non pochi studiosi si sono interessati della via Francigena, riscoprendo il ruolo di primaria importanza che la strada ebbe nel Medioevo per la vita economica e sociale e per la storia della cultura in gran parte d'Italia, i lavori che ne sono nati, pur ampliando considerevolmente le nostre conoscenze, quasi sempre si sono mossi entro un campo di osservazione regionale, se non addirittura microterritoriale. Va da sé che, in taluni casi il grado di approfondimento delle tematiche prescelte è stato notevolissimo, come nell'opera di Giuseppe Sergi Potere e territorio lungo la strada di Francia (Napoli, Liguori Editore, 1981), dove l'analisi è però circoscritta all'area torinese; oppure nel bel volume di Arturo Carlo Quintavalle La via romea (Milano, Silvana Editoriale d'Arte, 1979), dedicato ai rapporti tra viabilità e arte romanica, ma per il solo tratto di Francigena compreso tra la via Emilia e il passo di Monte Bardone. E anche i lavori che, più modestamente, hanno avuto per oggetto la ricostruzione degli itinerari della strada si sono egualmente caratterizzati per il loro ristretto ambito territoriale.

3   Di qui, crediamo, l'utilità di un testo che, facendo tesoro di quanto apportato dai più recenti contributi, delineasse, con intenti divulgativi, la storia dell'importante arteria medievale, collocandola nel più ampio contesto territoriale che le spetta. Ma parlare di storia è forse eccessivo, rientrando piuttosto il lavoro che proponiamo nell'ambito della geografia storica, essendo stati chiaramente privilegiati gli aspetti itinerari, come del resto testimonia la stessa abbondanza di cartine topografiche a corredo del testo.

(handwritten margin notes: *popularising cf. 6/due G? ?*)

da Renato Stopani, La Via Francigena, Le Lettere, Firenze, 1992

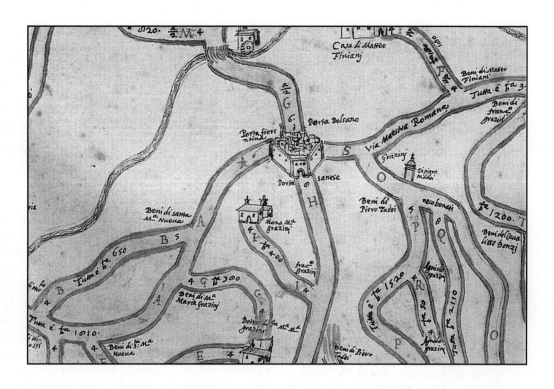

1. Il primo capoverso tratta l'origine dei nomi delle strade medievali. Quali delle seguenti affermazioni sono pertinenti e quali no? Basatevi esclusivamente sul testo.

   Il nome deriva da:

   a. determinati aspetti geografici del percorso
   b. il punto di partenza del percorso
   c. il tipo di viaggiatori che ne faceva uso
   d. il punto di arrivo della strada
   e. l'importanza della strada per il commercio
   f. il fatto che la strada era pavimentata o meno
   g. la pericolosità di determinati tratti

2. Completate (capoverso 1).

   a. La via Francigena legava l'Italia con la Francia, cioè con ...mondo d'oltralpe

   b. Il tracciato della via Francigena si ramificava perché passava per ..la.varietà dei validchi alpini

   c. L'altera Jerusalem è un altro nome per indicare ..la città santa dell'Occidente cioè la Roma

3. La via Francigena lungo certi tratti porta un nome diverso, cioè la via Romea. Come viene spiegata questa duplice denominazione? (capoverso 1)

....

4. Inserite le preposizioni. Basatevi sul testo del primo capoverso.

a. ....*A*.. differenza ....*del*. le strade romane

b. ....*Ad*... ogni modo

c. ....*In*... quanto serviva

d. si caratterizzava ....*per*..... il suo orizzonte internazionale

5. Rileggete il secondo capoverso. Indicate in quale ordine Stopani presenta in questa premessa gli argomenti che giustificano la pubblicazione del libro.

3 a. i lavori di altri studiosi apparsi di recente

4 b. il carattere limitato e regionale di molti studi nuovi

1 c. il bisogno di aggiornamento di un libro precedentemente apparso

5 d. gli studi in cui si ricostruiscono gli itinerari precisi

2 e. l'idea del nuovo studio più completo che descrive tutto il percorso della via Francigena

Ordine giusto: ...... *c e a b d* ......

6. Stopani cita alcuni studiosi che si sono interessati dello stesso argomento. Qual è il suo commento al lavoro di:

a. Giuseppe Sergi

....

b. Arturo Carlo Quintavalle

....

7. Le parole sottostanti riflettono il carattere accademico del testo.
Cercate un sinonimo di questi vocaboli sul dizionario.

a. percorso   *distanza, tragitto, itinerario*

b. appellativo   *nome*

c. indispensabile   *essenziale, necessario*

d. vicenda (*fortunes*)   *sorte, episodio*

e. arteria   *strada, reuta*

f. la meta   *destinazione, scopo*

g. ampliare   *allargare, crescere*

h. manifesto   *dismostrare, mostrare, presentare rendere visibile*

8. Indicate da quali verbi sono derivate le forme verbali sottostanti.

a. resa ....*rendere*..........

b. ricostruendo ......*ricostruire*............

c. riscoprendo ....*riscoprendere* X *riscoprire*......

d. mossi ....*movere*.............

e. prescelte ....*prescegliere*.........

9. Indicate nella frase seguente gli elementi il cui uso vi pare caratteristico di un testo accademico.
proprio/ particolarmente   *dove?*   *passi?*
... La via, specie nella Padania, ove il suo tracciato si ramificava per la varietà di valichi alpini, non di rado mutava il suo nome in 'romea'...

non è raro

....

10. Cercate su internet o su un'enciclopedia alcuni particolari della via Francigena. ✓

39. Ville medicee nel contado fiorentino

In questo articolo, apparso nel fascicolo Itinerario nell'arte toscana, *la storica dell'arte Silvia Mascalchi parla delle ville costruite dalla famiglia dei Medici nella campagna intorno a Firenze.*

1. Cercate delle informazioni sulla famiglia dei Medici e sul loro ruolo nella storia di Firenze. Consultate un'enciclopedia o un libro di storia italiana.

1 Il concetto di villa, ossia di un "edificio progettato per sorgere in campagna e finalizzato a soddisfare l'esigenza di svago e di riposo del suo proprietario", secondo l'appropriata definizione dello storico americano James Ackermann, è un'idea che può svilupparsi solo nella fantasia di chi sia costretto da impegni di vario genere a risiedere in città.

2 Fu proprio nel Trecento, periodo in cui la ricca borghesia fiorentina espresse al massimo il proprio orgoglioso e innovativo stile di vita, che si andò diffondendo l'abitudine di possedere ville in campagna. Una dimostrazione di questa consuetudine ci giunge da quanto narrato nel *Decameron* di Giovanni Boccaccio (1313-1375), dove un gruppo di giovani si rifugia, per sfuggire alla peste, proprio in una villa sulle colline attorno a Firenze o, ancora, da quanto affermato dallo storico e mercante fiorentino Giovanni Villani (1280 ca-1348) che nella sua *Cronica* scrive che in città "non v'era cittadino popolano o grande che non avesse edificato o che non edificasse in contado grande e ricca possessione e abitura molto ricca".

3 Da questo uso non si discostarono neppure i Medici che, già dal loro primo apparire a Firenze, acquistarono case e terreni proprio in quell'area della città più prossima alla porta che conduceva a nord, verso il Mugello, terra d'origine del ramo principale della famiglia e sede delle loro più antiche proprietà terriere e immobiliari. Nel corso del XIV secolo, infatti, molte famiglie mercantili fiorentine avevano riscoperto la terra come bene-rifugio di investimento. Quasi contemporaneamente, per coltivare le terre in modo redditizio, aveva iniziato a diffondersi la mezzadrìa, cosicché le originarie "case da signore" poste al centro degli antichi poderi, furono via via trasformate in ville per i ricchi borghesi della città.

4 A questa prima fase appartengono le ville del Trébbio e di Cafaggiòlo che presentano ancora i caratteri tipici dell'architettura difensiva medioevale: possenti mura merlate, finestrature ridotte, torri di guardia e fossati di sicurezza. Tali antiche ville rispondevano anche all'esigenza pratica di rappresentare un sicuro rifugio nel caso in cui l'ancora instabile situazione politica di Firenze avesse costretto i Medici a ritirarsi per qualche tempo dalla scena pubblica.

5 Per quanto riguarda la campagna più prossima a Firenze i Medici scelsero come sede delle loro residenze suburbane le colline di Careggi e di Fiesole, rispettivamente a nord e a nord-est del capoluogo e comunque abbastanza vicine da essere facilmente raggiungibili a cavallo anche per soggiorni di una sola giornata. Durante il Quattrocento, secolo nel quale furono edificate, su progetto di Michelozzo, le ville di Careggi e di Fiesole, si cominciò anche a considerare la villa secondo l'ideale umanistico di luogo dove fosse possibile realizzare una felice sintesi di vita attiva e vita contemplativa. Ciò sottintendeva un nuovo concetto di uomo saggio, capace di dividere armoniosamente la propria esistenza fra l'interesse per l'agricoltura e la meditazione degli antichi filosofi, richiamandosi a scrittori romani della tarda età repubblicana e della prima età imperiale quali Catone, Varrone, Virgilio, Orazio, Plinio il Giovane e Vitruvio, che in varie occasioni avevano esaltato la vita in villa.

6 Questa visione rinascimentale della residenza di campagna vide la sua più perfetta materializzazione nella villa che Lorenzo il Magnifico fece costruire a Poggio a Caiàno, fra le alture nord-occidentali di Firenze, secondo un progetto di Giuliano da Sangallo, a cui però egli stesso contribuì in prima persona. Dopo la morte di Lorenzo e il definitivo riconoscimento ai Medici del titolo prima di duchi di Firenze (1537) e poi di granduchi di Toscana (1569), si ebbe la riunificazione del ricco patrimonio terriero della famiglia nella persona di Cosimo I (1537-1574) che contribuirà a incrementarlo ulteriormente con l'acquisto di nuove ville e di nuovi poderi.

7 Francesco (1574-1587) e Ferdinando (1587-1609), i due figli di Cosimo, furono responsabili della costruzione o ristrutturazione di alcune ville fra le quali quelle di Pratolino, di Artimino, dell'Ambrogiana e di Petraia.

8 Nel corso del Cinquecento la tipologia architettonica delle ville medicee non presenta grandi innovazioni rispetto al prototipo fondamentale rappresentato dalla villa di Poggio a Caiano. In questo periodo, però, si incomincia ad attribuire ai parchi e ai giardini un ruolo preminente nel progetto delle residenze e gli architetti si producono in imponenti e costosissime opere idrauliche per assicurare ai giardini il loro elemento più caratteristico: l'acqua. Essa dava vita a un'ornamentazione ricca di fontane, <u>peschiere</u>, giochi e automi idraulici, associati a una rigogliosa vegetazione organizzata in prati, boschetti, <u>spalliere</u>, <u>ragnàie</u>, <u>parterres</u> e <u>cerchiate</u>. La costruzione di nuove ville e la ristrutturazione delle antiche assunse in età granducale un intento celebrativo del potere politico della dinastia. La corte utilizzava queste residenze secondo le sue svariate esigenze: come luogo dove far crescere in ambiente salubre i membri più giovani della famiglia o dove intrattenere in allegri passatempi le granduchesse più ritrose alla sussiegosa vita di palazzo, come sedi di villeggiatura o corti decentrate dei principi cadetti o, ancora, come luoghi destinati alle feste e alle diverse cacce stagionali. Inoltre il sistema delle ville, strategicamente collocate sul territorio granducale ed efficientemente collegate fra di loro, formava una sorta di ideale itinerario processionale dei regnanti e della loro corte che, spostandosi da una residenza all'altra, davano occasione ai sudditi di ammirarli e conoscerli nel fasto del loro apparato di viaggio. Scriveva il granduca Ferdinando I, quasi a esemplificazione di quanto affermato, che "il verno […] io vado vagando assai per questi miei luoghi di campagna […], et di mano in mano mene allontano sempre più secondo l'opportunità delle cacce per ritrovarmi finalmente doppo il Natale a Pisa, dove l'aria è molto più mite […]".

9 Durante tutto il periodo granducale nelle ville si realizzarono continuamente nuove e importanti decorazioni, sia pittoriche sia scultoree, e si pensò ad arredarle sempre secondo il gusto che sembrava più adeguato a queste residenze di campagna, nelle quali si conduceva uno stile di vita più libero e informale. Nel corso del Seicento e del Settecento, infine, molte ville furono ornate da raccolte di quadri che rappresentavano soprattutto paesaggi, vasi o composizioni di fiori, trionfi di frutta o soggetti a carattere venatorio, temi allusivi ai piaceri della vita in villa.

da Silvia Mascalchi, Ville medicee nel contado fiorentino, in: itinerario nell'arte toscana, a. cura di G. Cioco e F. di Teodoro, Zanichelli, Bologna, 2000

2. Il primo capoverso consiste in un solo periodo. Indicate la frase principale.

Il concetto di villa è un'idea che può svilupparsi solo ...

3. Nel Trecento si andò diffondendo l'abitudine di possedere ville in campagna (capoverso 2). Questa frase vuol dire:

a. la gente comprò sempre più ville in campagna
b. man mano sempre più persone possedevano ville in campagna

4. Villani scrive: 'non v'era cittadino popolano o grande che non avesse edificato o che non edificasse in contado grande e ricca possessione e abitura molto ricca' (capoverso 2). Parafrasate questa frase in italiano moderno o nella vostra madrelingua.

....

5. Che cosa pensate che significhi la parola 'mezzadria' (capoverso 3)?

a. un sistema per coltivare le terre in cui il proprietario è direttamente coinvolto
b. un sistema per coltivare le terre in cui il proprietario non è direttamente coinvolto

6. Le ville subiscono con il tempo cambiamenti che riguardano la struttura architettonica, la destinazione ecc. Completate lo schema con i dati sulle ville riferiti nei capoversi 3-8.

Trecento	Quattrocento	Cinquecento	Seicento e Settecento
a. *Trebbio* *Cafaggiolo*	d.	e.	h.
b. *diffensiva medioevale* *mura merlate, fin*		f.	
c.		g.	

7. Le ville medicee sono acquistate, costruite o ristrutturate da chi (capoversi 6-7)? Completate.

a. la villa di Poggio a Caiano: ......*Lorezo il magnifico*........

b. la villa di Petraia: ....*Francesco e Ferdinando*..........

c. la villa del Trebbio: ....*Cosimo ?*............

8. Cercate nel testo almeno otto parole che indicano le parti componenti di queste proprietà terriere.

1. **villa** ....

5. ...*pratti*.................

2. ...*giardino*.................

6. ...*boschetti*.................

3. ...*opere idrauliche e fontane*...

7. ...*spalliera   ragnaia ?*...

4. ...*peschiere e automi idraulichi*...

8. ...*parterres è cherchiate*...

9. Nel testo (capoverso 8) si parla di come si progettavano i giardini e i parchi.
Consultate un'enciclopedia o un dizionario per capire che cosa fossero:

a. peschiere ......*fish farm/pond ?*......

b. spalliere ......*backs ?*......

ragnatela
c. ragnaie ......*spiders web*......

d. cerchiate ......*hoops / arcades/avences*......

Villa di Cafaggiolo
circa 1435-1450

40. Alla madre Adele Marin Nievo

Questa lettera è stata scritta da Ippolito Nievo a sua madre nell'anno 1860. Ippolito Nievo nacque a Padova nel 1831, dove ottenne la laurea in legge nel 1855. Scrisse un romanzo autobiografico intitolato Le confessioni di un italiano *che uscì nel 1858. Diventò garibaldino nel 1859, combattendo a Varese e prendendo parte alla campagna dei Mille in Sicilia. Dopo una licenza trascorsa a Milano, morì in un naufragio durante il viaggio di ritorno nel 1861. In questa lettera descrive l'andamento della campagna in Sicilia. Salvatore Maniscalco era il capo della polizia borbonica. Karl von Urban (1802-1877) era il generale austriaco sconfitto da Garibaldi a Varese.*

1. Cercate sull'enciclopedia le informazioni relative alla vita di Giuseppe Garibaldi e alla spedizione dei Mille in Sicilia.

2. In questa lettera si trovano molti vocaboli ormai poco usati o comunque assai rari. Cercate sul dizionario un sinonimo di:

a. un simulacro: ....

b. la comparsa: ....

c. lo sbirro: ....

d. briganti: ....

e. il patibolo: ....

f. filibustiere: ....

g. sventato: ....

h. i coscritti: ....

i. le conghietture: ....

ALLA MADRE ADELE MARIN NIEVO

Palermo, 1 luglio 1860

Mamma mia – ancora a Palermo? – Sì – e devi stupirti di non trovare su questa mia la data di Napoli; ma si spera che quello che non è successo finora succederà in seguito. – Qui si sta drizzando in piedi un simulacro di esercito; ma ora comprendiamo perché la difesa della Sicilia nel '49 fu una mascherata. I Siciliani son tutti femmine; hanno la passione del tumulto e della comparsa: e i disagi e i pericoli li trovano assai meno pronti delle parate e delle feste – Guai se fosse toccato a loro liberarci da Maniscalco, e dagli sbirri! – Tutta la rivoluzione era concentrata nelle bande campagnuole chiamate qui squadre e composte per la maggior parte di briganti emeriti che fanno la guerra al governo per poterla fare ai proprietari. – Tanto è vero che adesso noi dobbiamo farla da carabinieri contro i nostri alleati di ieri! – Che miracoli, Mamma mia! Che miracoli! – la nostra virtù più grande, la sola forse, fu quella di aver creduto alla loro possibilità! –

Non eravamo uno contro dieci, ma uno contro cinquanta! – e quell'armata così ben armata così compatta si è sciolta come una bolla di sapone. Siamo entrati in Palermo dicendo – E' meglio morir qui con dieci palle nella testa, che a Corleone od a Caltanissetta sul patibolo! – Invece siamo rimasti, abitiamo nel Palazzo Reale, prendiamo gelati grandi come beefsteak e ci pavoneggiamo vestiti di rosso colle sciabole dorate dei signori napoletani! – Abbiamo anche la consolazione che fra queste ce n'erano anche di Bavaresi e di Austriaci, e che era composta di costoro quella colonna che inseguì fino a Corleone una fila di carri e di cannoni guasti, credendola il corpo dei filibustieri comandati da Garibaldi! – Che minchionata poveri diavoli! Sono proprio degni compatrioti di Urban! Quanto alla fine non so immaginarmela – I volontari crescono, e benché non siano della tempra sventata dei primi (che modesta superbia!) valgono molto a formare un nocciuolo – Può darsi che i veterani possano cedere ai coscritti la briga di filare una galletta già fabbricata – Ma per ora non ne so nulla. Io ed il Generale decideremo in autunno, se i fatti non avranno deciso prima, il che spero e cerco con tutta l'anima. La costituzione di Napoli offre grande campo a calcoli di conghietture. – Scrivi ai nostri a mio nome che a me manca il tempo. Salutami i presenti, ricordami ai lontani e se come al solito non sei contenta del caldo pensa ai sudori che costa a me questa lettera palermitana – Ciao, ciao, Mamma mia! Mille volte traverso il mare, facciamo così tra noi due l'unità d'Italia!

Tuo Ippolito

3. I rapporti tra i garibaldini e i siciliani ribelli sembrano poco amichevoli. Combinate le frasi a-c con la parafrasi corrispondente.

a. I siciliani hanno la passione del tumulto e della comparsa.
   1. I siciliani amano la confusione e il teatro.
   2. I siciliani sono appassionati del teatro.

b. I disagi e i pericoli li trovano assai meno pronti delle parate e delle feste.
   1. Amano i conflitti armati più delle parate militari e altro.
   2. Amano più le parate militari dei conflitti armati.

c. Sono briganti emeriti che fanno la guerra al governo per poterla fare ai proprietari.
   1. Sono rivoluzionari per motivi di profitto personale.
   2. Non sono ribelli ma banditi.

4. Come passano il tempo a Palermo questi garibaldini secondo Nievo? Completate.

a. Abitano ....

b. Mangiano ....

c. Si vestono ....

d. Sfilano per strada con ....

5. A quale avvenimento si riferisce il passo seguente: 'Che minchionata poveri diavoli!'

....

....

6. In questa lettera ci sono alcuni passi in cui Nievo esprime la sua incertezza sull'immediato futuro. Ne potete indicare qualche esempio?

....

....

....

7. Parafrasate la metafora finale.

... Ciao, ciao, Mamma mia! mille volte traverso al mare, facciamo cosí tra noi due l'unità d'Italia! ...

....

....

SOLUZIONI

1. Laureati in tre anni

1. a. un percorso di solo tre anni; b. un titolo di studio che consente di svolgere professioni all'interno dell'Unione Europea; c. i crediti formativi sono delle 'unità di misura' per valutare gli studenti; la laurea triennale si consegue con 180 crediti, quella specialistica biennale con altri 120 crediti; **2.** Sono delle lauree a ciclo unico e non esistono percorsi di primo livello; **3.** Laurea in Scienze del testo letterario e cultura musicale; **4.** tre anni; **5.** 1. classico; 2. medievale; 3. moderno; **6.** offrire una preparazione essenziale nell'ambito della cultura letteraria, storica ed artistica dell'età antica, medievale, moderna e contemporanea, con attenzione alla cultura musicale; **7.** libri e testi: pubblicista, consulente, editore di testi, e nel settore pubblico addetto alla gestione di beni librari; manifestazioni: responsabile o collaboratore all'organizzazione e realizzazione di manifestazioni storico-letterarie-musicali; nel settore pubblico: eventi teatrali, mostre, stagioni letterarie; scuola e università: insegnamento (scuola secondaria), ricerca; **8.** nella discussione di una relazione scritta su un tema relativo ad uno degli ambiti di ricerca del curriculum seguito, oppure in una prova scritta tecnico-pratica; **9.** 1. iscrizione; 2. domanda di immatricolazione; 3. primo livello di formazione universitaria; 4. prova finale; 5. laurea triennale; 6. secondo livello di formazione universitaria; 7. laurea specialistica.

2. Le fonti meravigliose

1. disturbi, mali, malattie; **2.** a. quelli che dopo aver mangiato troppo per tutto l'anno volevano riacquistare in fretta forma e benessere; b. molte persone sane che vogliono essere ancora più sane, più belle, più rilassate; c. un programma studiato per chi si aspetta un rilassamento corporeo globale; **3.** perché già i Romani crearono una vasta rete di stazioni di cura; **4.** a. ossia; b. quindi; c. così; d. tuttavia; e. tra l'altro; f. dunque; g. infatti.

3. United Colors of Italy

1. paragrafo 2: b; paragrafo 3: a; paragrafo 4: a; paragrafo 5: b; **2.** b; **3.** a. il rischio; b. faccia; c. giro; d. dinanzi al; **4.** a-3; b-4; c-2; d-1; **5.** Accenna all'impossibilità di integrazione culturale delle diverse culture ora coesistenti in Italia; **6.** Gli insegnanti sono costretti a trattare i ragazzi immigrati alla stessa maniera degli italiani; non hanno né preparazione, né il giusto compenso economico, per il fatto che sono costretti a lavorare in condizioni difficili; non è disponibile nessun materiale didattico specifico; **7.** a. Dipartimento di Linguistica di Roma Tre: l'incarico di sviluppare un corso di formazione degli insegnanti nella provincia di Roma; b. analoga iniziativa a base regionale (nel Lazio); c. un centro per l'educazione dei migranti in provincia di Torino; d. altre iniziative locali; e. un piano nazionale che comprende la preparazione degli insegnanti, l'elaborazione di materiali ad hoc (sulle lingue, sulle culture e religioni, sulle tradizioni popolari), la costruzione di profili professionali speciali per gli insegnanti operanti negli ambienti di immigrazione; **8.** a. collaboratrice familiare filippina, donna di servizio; b. voce napoletana ('vuoi comprare'), usata per indicare i venditori ambulanti, spesso di colore, che vendono oggetti vari di poco valore; c. l'etnocentrismo degli italiani, il rifiuto di unirsi con persone con altre lingue o religioni diverse; d. ricca fonte.

4. In cerca di democrazia

2. Analizza la vita quotidiana di persone e comunità oppresse dal potere mafioso, e in particolare il ruolo delle donne in rapporto alla mafia. Interesse specifico: la vita delle donne del Sud. Usa metodi qualitativi, fra cui soprattutto l'intervista biografica; **3.** a. 1966; b. laureata in lingue; c. ventisette, comune calabrese; **4.** Il consiglio comunale del paese viene sciolto nel 1991 per infiltrazioni mafiose. Le elezioni del 1992 riconfermano il sindaco uscente, che però risulta ineleggibile per condanna di truffa; **5.** Nel 1990 si verificano gli omicidi di due giovani di vent'anni. Gli abitanti si chiudono tra le pareti di casa e la violenza provoca il crollo totale della fiducia negli altri; **6.** a. vero; b. falso; c. vero; d. falso; **7.** sì: a, c, d, e, i; no: b, f, g, h; **8.** L'obiettivo principale è quello di conquistarsi la fiducia dell'elettorato. Non per vincere le elezioni, ma perché i cittadini capiscano che esiste un meccanismo che si chiama democrazia; **9.** 1. dare pieno valore alla cittadinanza; 2. come la politica possa ancora creare entusiasmo, e, in definitiva, fare la differenza; 3. credo davvero che sia il sale della vita; 4. mi ha fatto capire che cosa è davvero vivere, che cosa sono gli ideali, quali sono le cose per le quali vale la pena di combattere, di vivere e, se serve, di morire; 5. riesce a trasmettere al lettore una grande voglia di politica.

5. Non c'è più acqua nelle terre del Sud

1. Sicilia: Siracusa, Ragusa, Caltanissetta, Agrigento, Trapani, Catania, Palermo, Enna; Puglia: Taranto, Foggia, Bari; Sardegna: Sassari, Cagliari; **2.** a. profuma; b. croste, odori; c. crescono; d. insetti, le piantine; e. pallido; f.

sabbia; **3.** È il più lungo del mondo; sono quasi 20 mila chilometri di condotte e canali, tre volte il corso del Mississsippi e trenta volte quello del Po; **4.** a. vero; b. vero; c. falso; **5.** periodo 1: faceva il guardiano di pecore; periodo 2: ha lavorato sodo, ha comprato appezzamenti su appezzamenti, ha piantato barbabietole, ha affittato le serre; periodo 3: è rovinato per via dell'acqua che manca; **6.** il fenomeno per cui una vasta estensione di terreno assume le caratteristiche di un deserto; **7.** a. 14; b. 27 %; c. novantamila chilometri quadrati; **8.** a. Paolo Petrilli propone una condotta di qualche miliardo che attinga dai fiumi molisani; b. Paolo Agostinacchio promette di incatenarsi davanti al ministero dei Lavori pubblici; **9.** erba, margherite, ortaggi, piantine, fiori, frutti, grano, barbabietole, pomodoro, canne, pini marini; **10.** goccia, piovere, acquedotto, ingegneria idraulica, condotte, canali, tubo, litro, fiume, ruscelli, reti di irrigazione, potabile; **11.** a. dirottato; b. macchie; c. scirocco; d. furgone.

6. Costumi e mentalità degli italiani

1. ipotesi di partenza: esistono una serie di comportamenti e di caratteri semi-permanenti; metodo di lavoro: analisi delle notazioni al riguardo di osservatori stranieri e italiani; **2.** a. sia...che; b. da un lato...dall'altro; c. al tempo stesso; **3.** c; **4.** ricondurre questi atteggiamenti e modalismi contrastanti ad un unico modello interpretativo; **5.** a; **6.** a-1; b-2; **7.** a. una serie di comportamenti e di caratteri degli italiani; b. i comportamenti e i caratteri degli italiani; c. le notazioni di osservatori stranieri e italiani; **8.** a. trarre; b. riportare; c. basilare; **9.** a-2; b-3; c-1.

7. E la vita va con la spintarella

1. b; **2.** un personaggio potente o forse un parente; **3.** c; **4.** gli infiniti inciampi, il vivere quotidiano, rispetto; **5.** procedere, avanzare, gli infiniti inciampi, la meta, scorciatoie, imboccare; **6.** Il potente a cui si chiede aiuto è come il sovrano a cui si chiedeva di poterlo toccare per essere guariti dalle sofferenze; **7.** b; **8.** i meccanismi dei concorsi che decidono posti di lavoro, i criteri di assegnazione di benefici pubblici (pensioni, case popolari, borse di studio), i tempi di svolgimento di pratiche burocratiche; **9.** a-6; b-3; c-2; d-5; e-4; f-1; **10.** a. ottenere un letto in un certo ospedale o una camera privata per il parto; b. far sì che i figli vadano nelle sezioni migliori, ottenere che i figli siano promossi o abbiano i voti più alti; c. ottenere un lavoro a tavolino, un trasferimento in un posto più vicino, o l'esonero; d. vincere un concorso per un posto di lavoro; e. ottenere più facilmente un passaporto; f. sistemare le pratiche dell'eredità; **11.** a. denaro pagato illecitamente in cambio di favori; b. pratica diffusa soprattutto nella pubblica amministrazione che consiste nel concedere vantaggi a chi può offrire un contraccambio; **12.** verticale: ascesa nella scala sociale; orizzontale: per risolvere il problema del conflitto tra regole effettive e regole enunciate; **13.** c; **14.** a. comunque; b. oltre a; c. via via che; d. ovviamente; e. ovvero.

8. Comunicazione? Non vale un tubo

1. Ikea è una specie di emblema per un'università orientata verso i 'consumatori', dove ognuno trova qualcosa di suo gusto; un'università che si adegua troppo alle richieste del pubblico e del mercato; **2.** non vale niente; **3.** Il sistema-paese è il complesso delle realtà culturali, economiche e politiche che fanno la storia di un paese; si intende dire che il rapporto tra la società e l'università è chiaro a tutti e ormai non ha più bisogno di essere messo in evidenza; **4.** c; **5.** la superficie delle acque universitarie disturbate dalle pietrate di Raffaele Simone; il libro di Ferraris si muove su un terreno dove gli altri hanno già tracciato itinerari interessanti; subordinazione ai venti del mercato; smarrisce la bussola del suo viaggio critico e vaga in un territorio; **6.** Quelli che, come Ferraris, con troppo furore criticano la situazione attuale in cui si trova l'università, senza contribuire veramente alle tesi che dicono di voler dimostrare; **7.** a. in parole povere, semplicemente; b. odia la 'neouniversità'; c. distruggere, stroncare; d. perdere la strada, l'orientamento; **8.** a-4; b-5; c-1; d-2; e-3; **9.** Il volume di Ferraris piace probabilmente al recensore, perché induce alla riflessione, ma il modo in cui l'autore esprime la sua critica lo convince poco. Esempi: il taglio caustico beffardamente provocatorio; ce l'ha a morte con…; questo suo affondo contro…; contro il quale va giù senza perdoni; un pamphlet; molto umorale; con troppo furore, troppa sufficienza, e troppa presunzione; cerchi di leggere questo libretto; gli verrà magari il mal di pancia.

9. Il giorno in cui nacque il reportage

1. a. vero; b. vero; c. falso; d. falso; **2.** Perché la fotografia inizialmente non poteva fermare il movimento. Le macchine fotografiche erano ancora troppo pesanti. La pittura invece poteva mostrare campi di battaglia, città in fiamme e cariche di cavalleria; **3.** a. la difesa di Roma; b. testimone oculare; c. gli eroi di tutti i giorni; d. documentare la difesa e la caduta di Roma; e. la guerra della Crimea; f. inviato del Times per conto del governo; g. guerra ricostruita con comparse; h. fare una rappresentazione idealizzante della campagna militare per compiacere l'opinione pubblica; **4.** f, e, d, a, c, b; **5.** Su otto si vedono monumenti e piazze di Roma e sulle altre dodici le rovine dopo gli scontri tra i garibaldini e i francesi; **6.** a-falso; b-vero; c-vero; d-vero; e-falso; f-vero; **7.** a. S; b. S; c. T; d. R; e. S, T (uno in rovina, l'altro è un ristorante); **8.** assedio, difesa, caduta, sconfitta, guerra, battaglioni, cariche di cavalleria, campo di battaglia, barricate, rovine, campagna militare, scontri, combattenti, combattimento, linea di difesa; **9.** 'costui' è un pronome dimostrativo maschile e singolare e vuol dire 'questo'. Si riferisce a una persona vicina a chi parla o a chi ascolta. Altre forme: costei (femminile e singolare) e costoro (plurale).

10. Ischia e Capri, faraglioni esotici

1. a. Ischia; Ischia; b. scogli aguzzi emergenti dal mare; **2.** a. falso; b. vero; c. falso; d. vero; **3.** a. un'altra ambientazione; b. spostamenti interni più facili; **4.** a. Capriccio; b. Che cosa è successo tra mio padre e tua madre; c. La baia di Napoli; d. L'imperatore di Capri; e. Il talento di Mr Ripley; f. Vacanze a Ischia; **5.** I protagonisti dei film non sono mai isolani. Agli occhi degli abitanti delle isole sembrano esseri di un altro mondo; **6.** a, b, d, g; **7.** Non si girano più film sulle isole, perché ormai tutti le conoscono bene. E questo è un fatto positivo.

11. Momo alla conquista del tempo

1. 3; La freccia azzurra, La Gabbianella e il Gatto, Momo alla conquista del tempo; **2.** b; **3.** a. la musica rock del commento sonoro; b. ha collaborato con la Nannini; **4.** a. Momo alla conquista del tempo; b. Enzo d'Alò; c. 2001; d. la bambina Momo; e. il tempo speso male; f. le avventure di Momo per sconfiggere i Signori Grigi che vogliono rubare il tempo degli uomini; **5.** storia; **6.** a. con il titolo identico; b. che risulta ben riuscita; c. piena di mistero; d. larva della farfalla; **7.** a. Ha cambiato molto la storia di Ende?; b. Ci sono riferimenti all'attualità in questo suo film?; c. Quali sono i suoi obiettivi con questo film?; d. Come sono state scelte le voci che doppiano i suoi personaggi?; **8.** raccontare il passare del tempo senza l'uso di molte parole ma con l'uso della musica; far parlare Mastro Hora in modo meno pomposo; **9.** a. esce; b. distribuito; **10.** il tentativo di omologare tutto e tutti e la perdita della creatività e della fantasia; **11.** a. poco serio e allegro; b. che fa paura e che fa ridere allo stesso tempo.

12. Le zanzare

2. a; b; **3.** a. falso; b. falso; d. falso; e. vero; **4.** a. scrittore egocentrico, arido, scostante, del tutto spregevole; b gallerista d'arte d'avanguardia, mezza pazza, addoloratissima, votata all'autodistruzione; c. accanita lettrice di romanzi, con una nevrosi devastante; **5.** a. americaneggianti; b. ben fornita; c. della sinistra più avanzata; d. giusti; e. intellettuali; **6.** deformi, deturpati, inguardabili, mostruosi, ammorbati, sciagurati; **7.** Gli intellettuali devono provare a essere vivi e liberi perché solo così possono costituire una forza positiva per chi gli vicino; **8.** Il titolo si riferisce all'influsso nefasto che secondo Lodoli il modo di vivere di questi intellettuali ha sul mondo circostante. Come le zanzare essi vivono in una specie di acquitrino e diffondono la malaria culturale.

13. Nonni catturati dalla rete di internet

1. la metafora del ragno e della ragnatela (web); **2.** anziani dai capelli bianchi che navigano per il cyberspazio; **3.** vincere la solitudine e occupare il tempo libero; **4.** computer, mouse solido, occhiali speciali; **5.** gli animali domestici, gite e escursioni; **6.** a. il comune; b. festa da ballo (rumba cha cha cha, macarena), veglione; **7.** meno persone ricoverate e più servizi; **8.** storie come le raccontavano i nonni; **9.** a. 1; b. 2; c. 1; d. 1.

14. Vittorio De Seta torna sul set

2. paragrafo1: f, g; paragrafo 2: c, b, h, e; paragrafo 3: a, d; **3.** a. primordio; b. nostro; c. furbo; **4.** Il tempo dei pesci spada; **5.** a. no; b. sì; c. no; d. sì; **6.** Proprio parecchie tra le prime prove di questo maestro del documentario sono state riproposte l'anno scorso a Roma dalla Biblioteca Umberto Barbaro e da Cinemasessanta e hanno rappresentato il fulcro delle Giornate dei documentaristi; **7.** a-3; b-2; c-1; d-6; e-7; f-5; g-4.

15. I neo-buffoni e la televisione

1. Mi riferisco alla rinascenza dei buffoni; **2.** c; **3.** a. capoversi 3-4: il buffone nei secoli XVI e XVII; b. capoversi 5-10: il neo-buffone e la televisione; **4.** c, d; **5.** a. sì, b. no, c. no, d. sì, e. sì, f. sì, g. sì, h. no; **6.** a: persona; b: lati sollazzevoli; **7.** docenti, critici, medici, giornalisti; **8.** a. vero; b. falso; c. vero; d. falso; **9.** b, c; **10.** c; **11.** a. divertire; b. corsari; c. sacrosanto; d. rappresentanti; e. stimabile; **12.** a-5; b-3; c-2; d-1; e-4; **13.** a. deriva dal greco: il filosofo-buffone che inveiva in nome della virtù; b. gli spettatori televisivi; c. compagnia, gruppo di amici o di persone che si conoscono bene; d. a pagamento, chi/che si fa pagare.

16. Il partigiano Johnny

2 a. Il partigiano Johnny è testo letterario - il legame che con essi intrattiene il lettore; b. Per il giovane universitario di Alba (ossia per Fenoglio) - di sfuggire a quell'incubo personale e inserirsi nella generale realtà; c. Mai, prima di Fenoglio, si era letta una descrizione tanto atroce - sulla pagina alle immagini che inarrestabilmente ti investono; d. Si sarà capito da quanto detto fin qui che, nel trascrivere per lo schermo un libro unico - corrono via brevi, incerti eppure quasi senza fine; **3.** 1-c; 2-f; 3-g; 4-a; 5-e; 6-d; 7-b; **4.** a. vero; b. falso; c. vero; d. falso; e. falso; f. vero; g. falso; **5.** pura esperienza mentale, la lingua della libertà, la lingua delle letture appassionate dell'adolescenza, lingua del grande teatro, la lingua della poesia degli autori prediletti, la lingua della rivincita intellettuale sul proprio ambiente, un segno di isolamento; **6.** a, c, d; **7.** avversione; **8.** c.

17. Nel paese delle meraviglie

1. a. ho tra le mani - dei contenuti annunciati dal titolo; b. cinque le sezioni - da Matera a Palermo; c. Flavio Conti firma il testo - ha attirato nei secoli gli artisti; d. anche qui viene la domanda - a repentaglio; **2.** c; impareggiabile, accurata, di pregio, livello più alto, degno, senso dell'acutezza, merita di essere riferita, repertorio di bellezze, strumento che suscita riflessioni; **3.** le piazze, le cattedrali, le ville, i giardini, i castelli, le abbazie, i monasteri; **4.** a. edito; b. ritratto; c. toccante; d. stupefacente; e. deplorevole; **5.** c; **6.** Spa: Società per azioni; al fenomeno della privatizzazione dei musei resa possibile da nuove leggi introdotte nel periodo precedente a quello in cui l'articolo è stato scritto.

18. Un libro che consiglio

1. Perché li va a cercare in tutti gli angoli d'Italia e in tutte le case editrici; è quindi curioso e attento alle novità. E questo spiega come mai la lettrice si rivolge a lui per confessare il proprio entusiasmo per il libro che ha appena letto; **2.** a ('i soliti noti' è un gioco di parole sul titolo del film 'I soliti ignoti'. Sono in generale gli scrittori di successo, e in particolare quelli i cui libri saltano subito agli occhi entrando nelle librerie, come la Tamaro, Eco, Alberoni e Brizzi); **3.** Sulla copertina del libro di Mondadori c'è una fotografia di un bambino con un sorriso bellissimo; **4.** leggero, sentimentale; **5.** vana ricerca di amore, identità, verità, memoria; come sono illuminanti i suoi ritratti femminili; certi particolari perfetti, le descrizioni direi spietate, con cui scava dentro queste donne che sembra di averle già conosciute; **6.** La Mondolfo si sente particolarmente colpita perché ha un figlio dell'età di Sebastiano Mondadori; **7.** a. il protettore, l'angelo custode; b. gli angoli più nascosti; c. una fine piena di tensione; d. come persona privata; **8.** a. Si tratta di un'allusione al titolo del romanzo 'Rispondimi' di Susanna Tamaro; b. Umberto Eco scrive, secondo Valeria Mondolfo, romanzi storici troppo complicati; c. Francesco Alberoni, sociologo e scrittore, ha pubblicato numerosi studi sull'amicizia e sull'amore, tra i quali libri dai titoli 'Ottimismo' e 'Abbiate Coraggio'; d. Enrico Brizzi, che è ancora giovane, di romanzi ne scriverà ancora molti.

19. Meglio la carta del microfilm

1. problema: la conservazione dei libri su microfilm e la deperibilità degli stessi; argomenti a favore dei microfilm: si risparmia spazio, i costi di manutenzione dei libri sono altissimi, la carta è deperibile; argomenti contrari: la cellulosa dei microfilm è deperibile forse più della carta; conclusione: bisogna affrettarsi a trovare una soluzione al problema; **2.** a-7; b-4; c-5; d-1; e-8; f-2; g-3; h-6; **3.** trasferimento, invecchiamento, conservazione, testimonianza, deterioramento, rovina, distruzione; **4.** a. non deve essere sottovalutato; b. quello che rischia di andare distrutto; c. ha un'importanza non trascurabile.

20. Stagione di premi

1. b, d; **2.** 1-f; 2-d; 3-b; 4-c; 5-a; 6-e; **3.** critici, appoggiato, presentato, dichiarare, candidati; **4.** Sono sicura che lo Strega ha fatto, si direbbe, da traino e per questo, dalla candidatura in poi, si sono moltiplicate le attenzioni della stampa e degli altri mezzi di comunicazione (infatti siamo arrivati alla seconda edizione); **5.** Perché un libro diventi un successo, ci vogliono soprattuto dei grossi investimenti finanziari. Il 'caso letterario' si verifica solo raramente, ma il Premio Strega può essere un primo passo verso la costruzione del 'caso letterario'; **6.** premi, premiazioni, finalisti, selezione, giurati, candidati, candidatura.

21. Il lettore superiore

1. a. un tipo di carta, prodotto a Fabriano; b. gioco di parole sul Giudizio Universale, immaginaria Apocalisse in cui tutti i libri vengono distrutti; c. si riferisce al magma, il materiale rozzo e primitivo che costituisce il nucleo della terra. Qui indica quasi tutti i libri che sono stati scritti tranne alcune rare eccezioni; d. pomodori, guanciale, cipolla e formaggio pecorino grattugiato (l'ottimo primo piatto sta qui ad indicare un cibo per gente dai gusti non troppo raffinati); **2.** a. diminutivo di scrittore: uno scrittore che vale poco; b. diminutivo di roba: cose di poca importanza; c. diminutivo di romanzo: romanzo mediocre e leggero; d. diminutivo di maglia: T-shirt; **3.** a. si guarda intorno; b. come uno che offre consigli; c. non è tutto; d. dove stava in attesa; e. ancora un altro Swolanowsky (ennesimo = n + esimo); f. godere della vittoria; g. senza che l'altro lo sapesse; **4.** dagli occhiali, dal colore del viso, dall'espressione di disgusto; tutto ciò che era possibile leggere; fosse un tunnel dell'orrore; trova il solo degno, leggibile, vero autore; dà consigli a un lettore normale; **5.** volumi, libri di fantascienza, gialli, horror, best-seller, opera omnia; **6.** questo Giudizio Universale Letterario, il Solo leggibile, il Vero Autore, un Lettore Normale, la sua biblioteca di un milione di volumi, alcuni Lettori Superiori simulano conati di vomito, ecc.; **7.** spregio e disgusto, letto e riletto, rarissimi e scelti, robetta e ciarpame, svelto e furtivo; **8.** Swolanowsky è un autore di fantasia, inventato da Benni. Si allude forse al forte fascino che certi autori slavi hanno esercitato sui lettori della sua generazione.

22. Quando viaggiare era un'arte

1. diari, guide, lettere, ricordi di viaggiatori; **2.** percorso di andata: Torino, Milano, Genova (solo attraversate), le collezioni Estensi a Modena e dintorni, le gallerie dei Farnese a Parma e Piacenza, gli Uffizi di Firenze, le città toscane, Siena, Roma, Napoli; Percorso di ritorno: Roma, Loreto, la costa adriatica, Bologna, Venezia, i monumenti palladiani nel Veneto, la Lombardia, Milano e Torino, i passi alpini; **3.** Per i viaggiatori precedenti, studenti, banchieri, pellegrini, era importante raggiungere una meta con scopi precisi, mentre per i grandtourists era importante la scoperta di cose nuove in quanto tale; **4.** materiale: a. itinerari; b. stazioni di posta; c. bagagli; d. vetture; e. disagi e delizie; Ideologico: f. scoperta del nuovo; g. stimolo alla curiosità; h. confronto con il diverso; i. l'arte della vita; l. contributo alla formazione della nuova classe dirigente; **5.** a. studiato; b. gioie; c. desiderata; d. inesprimibili; **6.** a. il libro utilizza molte fonti e le percorre con disinvoltura; b. Napoli, affollata e caotica, è sempre in bilico tra il bene e il male; c. al di là delle superficiali differenze di costume; d. il suo disinteresse per ciò che è eccessivo, inconsueto, straordinario; e. con l'intenzione di rendere l'argomento accessibile a tutti, senza tuttavia renderlo banale; **7.** Il viaggiatore romantico si esalta dinanzi all'orrido, al sublime, al pittoresco del paesaggio; il grandtourist, pur ricercando le cose nuove, non ama gli eccessi.

23. Ardengo Soffici

2. a. falso; b. vero; c. falso; **3.** a. operare a contatto con le correnti artistiche più innovative; b. prese parte al movimento del Leonardo; c. seguace; d. alla grande guerra; e. ritorno all'ordine; **4.** sperimentale: Bif & zf 18, Simultaneità e Chimismi lirici; diaristico: Arlecchino, Giornale di bordo, Kobilek: giornale di battaglia, La giostra dei sensi; filosofico-moralistico: Lemmonio Boreo, Itinerario inglese, Passi tra le rovine, D'ogni erba un fascio; **5.** b, d, h, a, f, c, g, e.

24. Dante Alighieri

1. a; **2.** a-6; b-1; c-4; d-2; e-3; f-5; **3.** b; **4.** invece, divergenza, dissidio; **5.** a. Enrico Malato; b. Cavalcanti; c. lo studio su Dante di Enrico Malato; **6.** non è sicuro che Dante ne sia effettivamente l'autore; **7.** d (riproposta da Malato); **8.** a. principalmente; b. come pure; **9.** a-2; b-1.

25. Si rischia di vincere

2. c; **3.** a. corretto; b. corretto; c. scorretto; d. scorretto; **4.** a; **5.** a. che spinge a fare qualcosa; b. comune; c. svogliato, che trascura i propri doveri; d. un po' cattiva; **6.** a. Non hai lavorato abbastanza. Potresti fare di più; b. Hai fatto quello che potevi, per poco non hai vinto; con valore ironico: è più che giusto che tu non abbia vinto; **7.** a. domanda del signor Valeriano, nostra risposta; b. astratti, isolati, concreti, associati; c. contesto del discorso.

26. Paste alla cacciatora

2. a. chi è vivace e un po' cattiva; b. casseruola, pentola bassa a fondo piatto; c. abituare; d. guida; e. risolvere, riuscire; f. perché; g. presentare, far passare per; h. avido mangiatore; i. imputazione, cattiva reputazione; **3.** a. vero; b. vero; c. vero; d. falso; e. falso; **4.** c, d, e, a, b; **5.** mi giova credere, a queste mie pietanze venga fatto buon viso, per mia fortuna, mi abbiano mandato finora in quel paese, per imbarazzo di stomaco, che la decenza mi vieta di nominare; **6.** Mi dispiace vedere trattato male il dono di Dio/il cibo, come si usa dire; **7.** a; **8.** b; **9.** a. pulire; b. far bollire; c. dissossare e tritare; d. cuocere; e. condire.

27. Esplorando la poesia

1. a, c, d, e, f, h, j, k; **2.** il naso: sentire, odorare; gli occhi: vedere, guardare, osservare (inquadrare, zummare, scoprire, ricercare); la mano: toccare; la bocca; assaporare; **3.** a. a punto; b. con attenzione; c. al ritmo; d. con la matita; e. alla voce; **4.** b; **5.** a. onde, goccia, gambo; b. pianeta, universo; c. albero; **6.** forse perché il giallo delle ali che sbattono sembra fare luce; **7.** al profumo della mimosa, dei papaveri e dell'erba e al canto degli uccelli.

28. Giocare con le parole

1. a. 2; b. 1; c. 2; d. 2; **2.** a. inventore; b. serio; c. autorevolezza; **3.** a. falso; b. vero; c. falso; **4.** Perché la mitologica Sfinge poneva enigmi e divorava chi non riusciva a risolverli; **5.** a. 1. smussando; 2. rasentando; 3. sconfinando; 4. trattando; 5. sistematizzando; 6. divulgando; 7. ringiovanendo; b. un libro serio e divertente; **6.** 1. il linguaggio infantile; 2. il linguaggio dei mass media; 3. i modi di dire e i proverbi popolari; 4. il linguaggio della pubblicità; **7.** a. fuorviante; b. apparente e uno recondito/nascosto; c. poetica; **8.** a. l'uomo; b. il fungo; c. i pidocchi; **9.** rifiutare, scartare; **10.** a. 2; b. il cane che corre avanti e orina contro un albero; **11.** Perché non è solo una trasformazione ma anche una descrizione della parola di partenza.

29. Il linguaggio degli animali

1. Il figlio di un ricco mercante impara il linguaggio degli animali. Questa conoscenza l'aiuta a superare delle difficoltà di vario tipo e porta a un lieto fine; **2.** paragrafo 1: un ricco mercante - tutte le lingue; paragrafo 2: finiti gli studi - cosa dovevano fare l'indomani; paragrafo 3: alla mattina Bobo fu svegliato - e se ne andò alla ventura; paragrafo 4: alla sera giunse a una cascina - e continuò il suo viaggio; paragrafo 5: cammina, cammina - prese commiato, e andò via; paragrafo 6: un giorno di gran caldo - si posò sulla testa di Bobo; paragrafo 7: in mezzo a canti e grida d'allegrezza - che ebbe mai la chiesa; **3.** a. vero; b. falso; c. vero; d. falso; e. vero; f. vero; g. vero; **4.** a. indicativo imperfetto descrittivo della situazione iniziale; b. passato remoto che indica l'evento iniziale; c. congiuntivo imperfetto per esprimere lo scopo dell'azione nella frase principale; **5.** la fiaba potrebbe essere di origine medievale: un mercante che fa educare il figlio da un precettore; potrebbe essere ambientata anche in un'epoca più moderna, come l'Ottocento, visto che si parla di contadini con il fucile, del medico, ecc.; **6.** a. gridano/cinguettano; b. abbaia/latra; c. cantano/gracidano; d. nitriscono; **7.** a-3; b-5; c-1; d-2; e-6; f-4; **8.** indovino, diavolo, ostia, demonio, Dio, comunicare, Papa, Chiesa.

30. Lingua e origini degli Etruschi

1. a. falso; b. vero; c. vero; **2.** b; c; **3.** dati onomastici, cioè nomi di persone; **4.** a. non indoeuropea; b. un relitto di un'antica lingua mediterranea; c. le formule onomastiche; d. funzioni sintattiche; **5.** sull'evidenza interna (il funzionamento della lingua); sul confronto dell'etrusco con altre lingue note; **6.** a, f, d, c, e, b; **7.** a. sarebbero venuti dalla Lidia, poco prima della guerra di Troia (XIII sec. a.C.); b. avrebbero abitato da sempre in Etruria; **8.** e, b, c, d, a; **9.** a, c, d; **10.** a-4; b-5; c-1; d-6; e-2; f-3; **12.** a. Lemno; b. Euboa; c. Chiusi; d. Perugia; e. Augusto, f. Villanova.

31. 6 proprio 3mendo

1. b, c, d, f; **2.** Perché dei milioni di messaggini non resta alcuna traccia nel tempo; **3.** a. gli SMS non possono superare i 160 caratteri: dipende; b. digitare un messaggio dalla tastiera di un telefonino è più lento e faticoso di quanto non lo sia dalla tastiera di un computer: negativo; c. gli SMS sono brevi e poco strutturati: dipende; d. gli SMS possono essere un'occasione per sviluppare la creatività: positivo; e. gli SMS sono una forma di comunicazione vuota, rapida e superficiale: negativo; **4.** abbreviazioni: msg (messaggio); sigle: TVTB (ti voglio tanto bene); numeri: C6 scem8? (ci sei scemotto?); segni grafici: :- (lo dico bonariamente); **5.** Deve fare i conti con la brevità, utilizzando tecniche analoghe a quelle degli amanuensi; **6.** La scrittura dei messaggini riproduce fortemente la lingua parlata, sia per quel che riguarda le caratteristiche linguistiche, sia per quel che riguarda gli scopi comunicativi per cui viene usata; **7.** a, b, d, f, g, i; **8.** un tipo di comunicazione il cui scopo non è quello di trasmettere delle informazioni precise, ma piuttosto quello di stabilire e mantenere un contatto; **9.** si chiama il cellulare di un amico, si spegne dopo il primo squillo, resta memorizzato il numero di chi ha chiamato; un segnale silenzioso ma inequivocabile dell'esistenza di un legame affettivo tra persone amiche; **10.** a. vero; b. falso; c. vero; d. falso; **11.** La tesi principale è espressa nella frase iniziale: ' Ecco: i messaggini del cellulare sono l'espressione tecnologicamente evoluta, proprio di questa forma testuale'. Poi seguono tre argomenti; **12.** La rivincita è quantitativa e non qualitativa: milioni di messaggini vengono scambiati ogni giorno. Non si tratta però di una scrittura vera e propria, ma di una forma che si avvicina molto al linguaggio parlato, orale; **13.** a. sto ridendo forte; b. sono seccato, infastidito; c. sono completamente ubriaco; d. ho litigato; e. mi hanno picchiato; f. sono calvo, sono un intellettuale.

32. Nuove sfide per l'italiano

2. c; se sappiamo far valere ciò che siamo e produciamo, la lingua potrà affermarsi in proporzione. Ma attenzione: la diffusione della lingua richiede anche azioni e strumenti specifici, ossia programmi, materiali e personale docente altamente qualificati. E in questi settori, ahimè, c'è moltissimo ancora da fare; **3.** L'affermarsi dell'inglese ha cambiato la posizione delle altre lingue; Una delle conseguenze di questo fenomeno è stata il forte calo del francese; La stessa cosa potrebbe succedere per lo spagnolo, dopo la sua notevole impennata; **4.** parti del mondo, paesi e ambienti diversi; **5.** cultura e arte, turismo, moda, gastronomia, sport, tecnologia, arredamento, emigrazione; **6.** a. soprattutto; b. preziose, incomparabili; c. instabili, incerti; d. purtroppo, sfortunatamente; **7.** Non ha senso procurarci una seconda lingua supplementare, accanto all'inglese, perchè questa non raggiungerebbe lo stesso scopo; **8.** i valori dell'italiano.

33. Occhiali, bottoni e forchette

1. b; **2.** Se raccontassimo le nostre attività giornaliere a Giulio Cesare, lui non le potrebbe capire, ma se raccontassimo le stesse attività a Dante o Petrarca, loro invece le capirebbero perfettamente. Questa differenza si spiega per il fatto che il mondo come lo conosciamo noi con università, banche, chiese, uffici, ha cominciato a prendere forma nel corso del Medioevo, nell'epoca di Dante e Petrarca; **3.** a; **4.** sì: a, c, f, g, i, j, l, m; no: b, d, e, h, k, n; **5.** miniature e pale d'altare dove gli occhiali appaiono sul naso di cardinali, farisei, usurai e padri della chiesa; lettere, per esempio la lettera di Petrarca in cui lamenta d'esser stato costretto ad usare gli occhiali; **6.** Perché i commensali sono seduti intorno al tavolo, mentre in realtà Gesù e gli apostoli mangiavano sdraiati secondo l'uso antico; **7.** libri, filo conduttore, l'epoca in cui il libro, in quanto oggetto, si colloca saldamente al centro della nostra tradizione intellettuale; **8.** a. diffusione dei libri di carta; b. nuovi sistemi di copiatura in serie; c. aumento della popolazione studentesca; d. crescita degli studi scolastici ed universitari; e. copiare libri diventò l'attività principale di molti ordini religiosi; f. invenzione e diffusione della stampa; g. l'Europa sommersa sotto un diluvio di libri (solo a Roma 160 mila volumi in dieci anni); **9.** Nel Medioevo ogni invenzione veniva accolta dai contemporanei con orgoglio ed entusiasmo, mentre oggi le nuove forme elettroniche di comunicazione e di conservazione delle conoscenze suscitano soprattutto paura; **10.** a. eh sì/eh già/proprio così; b. da parecchio tempo; c. non avrà la minima idea; d. è inevitabile; **11.** Chiara Frugoni ci presenta soprattutto gli oggetti inventati nel Medioevo e non si occupa tanto delle istituzioni. Ha incluso nel suo libro molte illustrazioni poco note di questi oggetti; **12.** a. antenati; b. filo conduttore

34. In crociera sui laghi

1. crociera, salpano, battelli, navigazione, attracca, piroscafo, imbarcadero; **2.** a. barche con tre anelli e chiatte da trasporto merci trainate da cavalli; b. primo piroscafo a vapore sul lago di Garda; c. il primo 'Lario' sul lago di Como, dotato di macchina Foulton Watt, scafo in legno e propulsione a ruote; **3.** partenza all'alba da Milano, viaggio in treno, si sale sul battello, si passa l'intera giornata sul lago e nei vari porti, la sera si ritorna soddisfatti e felici a casa; **4.** 1. servizio ristorante, 2. orchestrine e spazio per il ballo, 3. distinzione della prima classe della seconda, 4. salottini riservati e 'fumoirs'; **5.** In periodi di guerra le navi si trasformarono in zone di confine e così serviva anche un ufficio di cambio, tra franchi, lire e monete austriache; **6.** a. si incendia per lo scoppio di una caldaia; b. si inabissa al pontile di Como; c. viene speronato al pontile di Bellagio da un'altra nave; d. urta un lastrone e rischia il naufragio; **7.** tipo di nave: il catamarano, l'aliscafo, il piroscafo, la chiatta, il motoscafo, la vaporiera; parti della nave/fenomeni collegati: la pala, lo scafo, il pennacchio, la scia, lo sciabordio; attività: varare una nave, salpare, imbarcare, attraccare.

35. La moda si veste da ragazzina

1. a. l'Italia entra nel 1957 nel Mercato Comune Europeo; b. avviene un forte aumento demografico; c. il miracolo economico: l'industrializzazione è un dato di fatto, con due milioni di automobili, quattrocentomila lavatrici, un milione e seicento frigoriferi; **2.** essenzialità, rigore, linee dritte e stilizzate, sperimentazioni spaziali, abito da cocktail; **3.** È il simbolo di una nuova femminilità: la donna emancipata che usa la pillola anticoncezionale; **4.** a, c, e, f; **5.** a. subito dopo; b. a dimostrazione del; c. poco prima di; d. gli anni passati; **6.** a. lo stile, abbandonata la linea curva e romantica degli anni addietro; b. la nuova moda, sostituito il più delle volte l'abito da ballo con quello da cocktail; c. scomparsa la maggiorata, il prototipo di bellezza; **7.** prêt-à-porter, linea curva e romantica, una linea dritta quasi stilizzata, una silhouette essenziale, un punto vita non evidenziato e gambe in primo piano.

36. Il movimento valdese

3. a. conversione di Valdo; b. Valdo si reca a Roma dal papa; c. a Valdo viene chiesta la professione di fede; d. scomunica del papa; a Valdo viene interdetta la predicazione; e. rottura tra i valdesi e la Chiesa; f. (probabile) morte di Valdo; **4.** a. falso; b. vero; c. vero; d. falso; **5.** c; **6.** monastero; fondato; un terzo; distribuito; **7.** a. nella misura in cui; b. benché; **8.** per sottolineare che non esiste certezza sui motivi per cui a Valdo venne interdetta la predicazione; **9.** a, d; **10.** a. la loro situazione di emarginati dalla comunità ecclesiale; b. la pratica del secondo battesimo; c. il rifiuto del Purgatorio; d. il fatto che i valdesi nell'Italia settentrionale (i poveri lombardi) praticavano il lavoro manuale, associato alla predicazione; **11.** a-2; b-1; c-1; **12.** Perché bisogna basarsi quasi esclusivamente su testimonianze di avversari o di eretici rientrati nell'ortodossia.

37. La cittadella della seta

2. b; **3.** Nella reggia di Caserta non trovava il silenzio e la solitudine atta alla meditazione ed al riposo dello spirito e cercava perciò un luogo più appartato; **4.** a. falso; b. vero; c. falso; d. vero; **5.** codice di legge, anticipazione, una grande e moderna città industriale, rivoluzione napoletana, filande; **6.** al Vaticano, al Quirinale, nella Sala Ovale della Casa Bianca a Washington; **7.** a. paesaggista, dipingere, tele, tavolozza, dipinto; b. tessuti, telaio, setaioli, serici, filande, manifattura, ormesini, damaschi, lampassi, broccati; c. re, sovrano, regina, principesse, reggia, palazzi reali, dame della corte, baciamano.

38. La via Francigena: premessa

1. a, b, d, g; **2.** a. il mondo d'oltralpe; b. una varietà di valichi alpini; c. Roma; **3.** La via Francigena portava due nomi: 'Francigena', perché portava in Francia e 'Romea' perché per gli abitanti dell'Italia settentrionale era più importante il fatto che portasse a Roma; **4.** a. a, delle; b. ad; c. in; d. per; **5.** c, e, a, b, d; **6.** a. un'analisi approfondita ma limitata all'area torinese; b. un bel libro sui rapporti tra viabilità e arte romanica, ma limitato al tratto di Francigena compreso tra la via Emilia e il passo di Monte Bardone; **7.** a. tracciato; b. soprannome; c. strettamente necessario; d. evento; e. importante via di traffico; f. punto d'arrivo; g. aumentare; h. evidente; **8.** a. rendere; b. ricostruire; c. riscoprire; d. muovere; e. prescegliere; **9.** specie, ove, non di rado, mutava.

39. Ville medicee nel contado fiorentino

2. Il concetto di villa è un'idea; **3.** b; **4.** Tutti i cittadini piccoli e grandi avevano costruito o costruivano grandi proprietà e belle case in campagna; **5.** b; **6.** a. originaria casa da signore trasformata in villa; b. architettura medievale difensiva; c. facilmente raggiungibile a cavallo; d. la villa come luogo dove fosse possibile realizzare l'ideale umanistico di combinazione di vita contemplativa e vita attiva; e. ruolo preminente di parchi e giardini; f. fontane e giochi d'acqua; g. vita di corte; h. raccolte di quadri allusivi ai piacere della vita in villa; **7.** a. Lorenzo il Magnifico; b. Francesco e Ferdinando; c. la famiglia dei Medici; **8.** villa, case e terreni, terra, mura, torri di guardia, fossati di sicurezza, podere, parchi, giardini.

40. Alla madre Adele Marin Nievo

2. a. parvenza; b. la bella figura; c. agente di polizia; d. malvivente; e. il palco su cui si esegue la condanna a morte; f. avventuriere; g. distratto; h. soldati di leva; i. congetture, ipotesi; **3.** a-1; b-2; c-1; **4.** a. nel Palazzo Reale; b. gelati grandi come beefsteak; c. di rosso; d. colle sciabole dorate dei signori Napoletani; **5.** 'La minchionata' si riferisce al fatto che una colonna di bavaresi, tedeschi della Baviera, e austriaci ha inseguito una fila di carri e cannoni guasti, credendola il corpo dei garibaldini; **6.** quanto alla fine non so immaginarmela; ma per ora non ne so nulla; **7.** Con i nostri saluti attraverso l'Italia (cioè da Palermo al Nord dove vive la madre), noi due stabiliamo l'unità nazionale.

L'italiano per stranieri

Amato
Mondo italiano
testi autentici sulla realtà sociale
e culturale italiana
• libro dello studente
• quaderno degli esercizi

Ambroso e Di Giovanni
L'ABC dei piccoli

Ambroso e Stefancich
Parole
10 percorsi nel lessico italiano
esercizi guidati

Avitabile
Italian for the English-speaking

Balboni
GrammaGiochi
per giocare con la grammatica

Barki e Diadori
Pro e contro
conversare e argomentare in italiano
• **1** livello intermedio
  libro dello studente
• **2** livello intermedio-avanzato
  libro dello studente
• guida per l'insegnante

Barreca, Cogliandro e Murgia
Palestra italiana
esercizi di grammatica
livello elementare/pre-intermedio

Battaglia
**Grammatica italiana
per stranieri**

Battaglia
**Gramática italiana para
estudiantes de habla
española**

Battaglia
Leggiamo e conversiamo
letture italiane con esercizi
per la conversazione

Battaglia e Varsi
Parole e immagini
corso elementare di lingua italiana
per principianti

Bettoni e Vicentini
Passeggiate italiane
lezioni di italiano - livello avanzato

Blok-Boas, Materassi e Vedder
Letture in corso
corso di lettura di italiano
• **1** livello elementare e intermedio
• **2** livello avanzato e accademico

Buttaroni
Letteratura al naturale
autori italiani contemporanei
con attività di analisi linguistica

Camalich e Temperini
Un mare di parole
letture ed esercizi di lessico italiano

Carresi, Chiarenza e Frollano
L'italiano all'Opera
attività linguistiche attraverso
15 arie famose

Chiappini e De Filippo
Un giorno in Italia 1
corso di italiano per stranieri
principianti · elementare · intermedio
• libro dello studente con esercizi
  + cd audio
• guida per l'insegnante
  + test di verifica
• glossario in 4 lingue
  + chiavi degli esercizi

Cini
Strategie di scrittura
quaderno di scrittura
livello intermedio

Deon, Francini e Talamo
Amor di Roma
Roma nella letteratura italiana
del Novecento
testi con attività di comprensione
livello intermedio-avanzato

Diadori
Senza parole
100 gesti degli italiani

du Bessé
PerCORSO GUIDAto
guida di **Roma**
con attività ed esercizi

du Bessé
PerCORSO GUIDAto
guida di **Firenze**
con attività ed esercizi

du Bessé
PerCORSO GUIDAto
guida di **Venezia**
con attività ed esercizi

Gruppo CSC
Buon appetito!
tra lingua italiana e cucina regionale

Gruppo META
Uno
corso comunicativo di italiano
primo livello
• libro dello studente
• libro degli esercizi e grammatica
• guida per l'insegnante
• 2 audiocassette / libro studente
• 1 audiocassetta / libro esercizi

Gruppo META
Due
corso comunicativo di italiano
secondo livello
• libro dello studente
• libro degli esercizi e grammatica
• guida per l'insegnante
• 3 audiocassette / libro studente
• 1 audiocassetta / libro esercizi

Gruppo NAVILE
Dire, fare, capire
l'italiano come seconda lingua
• libro dello studente
• guida per l'insegnante
• 1 cd audio

Humphris, Luzi Catizone, Urbani
Comunicare meglio
corso di italiano
livello intermedio-avanzato
• manuale per l'allievo
• manuale per l'insegnante
• 4 audiocassette

Istruzioni per l'uso
dell'italiano in classe 1
88 suggerimenti didattici
per attività comunicative

Istruzioni per l'uso
dell'italiano in classe 2
111 suggerimenti didattici
per attività comunicative

Istruzioni per l'uso
dell'italiano in classe 3
22 giochi da tavolo

Jones e Marmini
Comunicando s'impara
esperienze comunicative
• libro dello studente
• libro dell'insegnante

Maffei e Spagnesi
Ascoltami!
22 situazioni comunicative
• manuale di lavoro
• 2 audiocassette

Marmini e Vicentini
Passeggiate italiane
lezioni di italiano - livello intermedio

Marmini e Vicentini
Ascoltare dal vivo
materiale di ascolto
livello intermedio
• quaderno dello studente
• libro dell'insegnante
• 3 audiocassette

Paganini
ìssimo
quaderno di scrittura
livello avanzato

Pontesilli
Verbi italiani
modelli di coniugazione

Quaderno IT - n. 4
esame per la certificazione
dell'italiano come L2
livello avanzato
prove del 2000 e del 2001
• volume + audiocassetta

Quaderno IT - n. 5
esame per la certificazione
dell'italiano come L2
livello avanzato
prove del 2002 e del 2003
• volume + cd audio

Radicchi
Corso di lingua italiana
livello intermedio

Radicchi
In Italia
modi di dire ed espressioni
idiomatiche

Stefancich
Cose d'Italia
tra lingua e cultura

Stefancich
Tracce di animali
nella lingua italiana tra lingua
e cultura

Svolacchia e Kaunzner
Suoni, accento e intonazione
corso di ascolto e pronuncia
• manuale
• set 5 cd audio

Tettamanti e Talini
Foto parlanti
immagini, lingua e cultura

Totaro e Zanardi
Quintetto italiano
approccio tematico multimediale
livello avanzato
• libro dello studente con esercizi
• libro per l'insegnante
• 2 audiocassette
• 1 videocassetta

Urbani
Senta, scusi...
programma di comprensione
auditiva con spunti di produzione
libera orale
• manuale di lavoro
• 1 audiocassetta

Urbani
Le forme del verbo italiano

Verri Menzel
La bottega dell'italiano
antologia di scrittori italiani del
Novecento

Vicentini e Zanardi
Tanto per parlare
materiale per la conversazione
livello medio-avanzato
• libro dello studente
• libro dell'insegnante

Linguaggi settoriali

Ballarin e Begotti
Destinazione Italia
l'italiano per operatori turistici
• manuale di lavoro
• 1 audiocassetta

Cherubini
L'italiano per gli affari
corso comunicativo di lingua
e cultura aziendale
• manuale di lavoro
• 1 audiocassetta

Spagnesi
Dizionario dell'economia
e della finanza

Dica 33
il linguaggio della medicina
• libro dello studente
• guida per l'insegnante
• 1 audiocassetta

L'arte del costruire
• libro dello studente
• guida per l'insegnante

Una lingua in pretura
il linguaggio del diritto
• libro dello studente
• guida per l'insegnante
• 1 audiocassetta

Classici italiani per stranieri
testi con parafrasi a fronte* e note

1. Leopardi • *Poesie**
2. Boccaccio • *Cinque novelle**
3. Machiavelli • *Il principe**
4. Foscolo • *Sepolcri e sonetti**
5. Pirandello • *Così è (se vi pare)*
6. D'Annunzio • *Poesie**

7. D'Annunzio • *Novelle*
8. Verga • *Novelle*
9. Pascoli • *Poesie**
10. Manzoni • *Inni, odi e cori**
11. Petrarca • *Poesie**
12. Dante • *Inferno**

13. Dante • *Purgatorio**
14. Dante • *Paradiso**
15. Goldoni • *La locandiera*
16. Svevo • *Una burla riuscita*

Libretti d'Opera per stranieri
testi con parafrasi a fronte* e note

1. *La Traviata**
2. *Cavalleria rusticana**
3. *Rigoletto**
4. *La Bohème**

5. *Il barbiere di Siviglia**
6. *Tosca**
7. *Le nozze di Figaro*
8. *Don Giovanni*

9. *Così fan tutte*
10. *Otello**

Letture italiane per stranieri

1. Marretta
Pronto, commissario...? 1
16 racconti gialli con soluzione
ed esercizi per la comprensione
del testo

2. Marretta
Pronto, commissario...? 2
16 racconti gialli con soluzione
ed esercizi per la comprensione
del testo

3. Marretta
Elementare, commissario!
8 racconti gialli con soluzione
ed esercizi per la comprensione
del testo

Mosaico italiano

1.Santoni
La straniera (liv. 2/4)
2.Nabboli
Una spiaggia rischiosa (liv. 1/4)
3.Nencini
Giallo a Cortina (liv. 2/4)
4.Nencini
Il mistero del quadro... (liv. 3/4)

5.Santoni
Primavera a Roma (liv. 1/4)
6.Castellazzo
Premio letterario (liv. 4/4)
7.Andres
Due estati a Siena (liv. 3/4)
8.Nabboli
Due storie (liv. 1/4)

9.Santoni
Ferie pericolose (liv. 3/4)
10. Andres
Margherita e gli altri (liv. 2-3/4)
11. Medaglia
Il mondo di Giulietta (liv. 2/4)
12. Caburlotto
Hacker per caso (liv. 4/4)

Pubblicazioni di glottodidattica

*La formazione di base del
docente di italiano per stranieri*
a cura di Dolci e Celentin

L'italiano nel mondo
a cura di Balboni e Santipolo

*Cedils.
Certificazione in didattica
dell'italiano a stranieri*
a cura di Serragiotto

I libri dell'Arco

1. Balboni • *Didattica dell'italiano a
stranieri*

2. Diadori • *L'italiano televisivo*

3. Micheli • *Test d'ingresso di
italiano per stranieri*

4. Benucci • *La grammatica nel-
l'insegnamento dell'italiano a
stranieri*

5. AA.VV. • *Curricolo d'italiano
per stranieri*

6. Coveri, Benucci e Diadori • *Le
varietà dell'italiano*

Finito di stampare nel mese di giugno 2004 dalla Tibergraph editrice di città di Castello (PG)